Si eſt liures que ne ſe peuvent ignorer,
ſi tant plus ne peuvent ne ſe poſſeſder.

NELUMBO

La Jitanilla

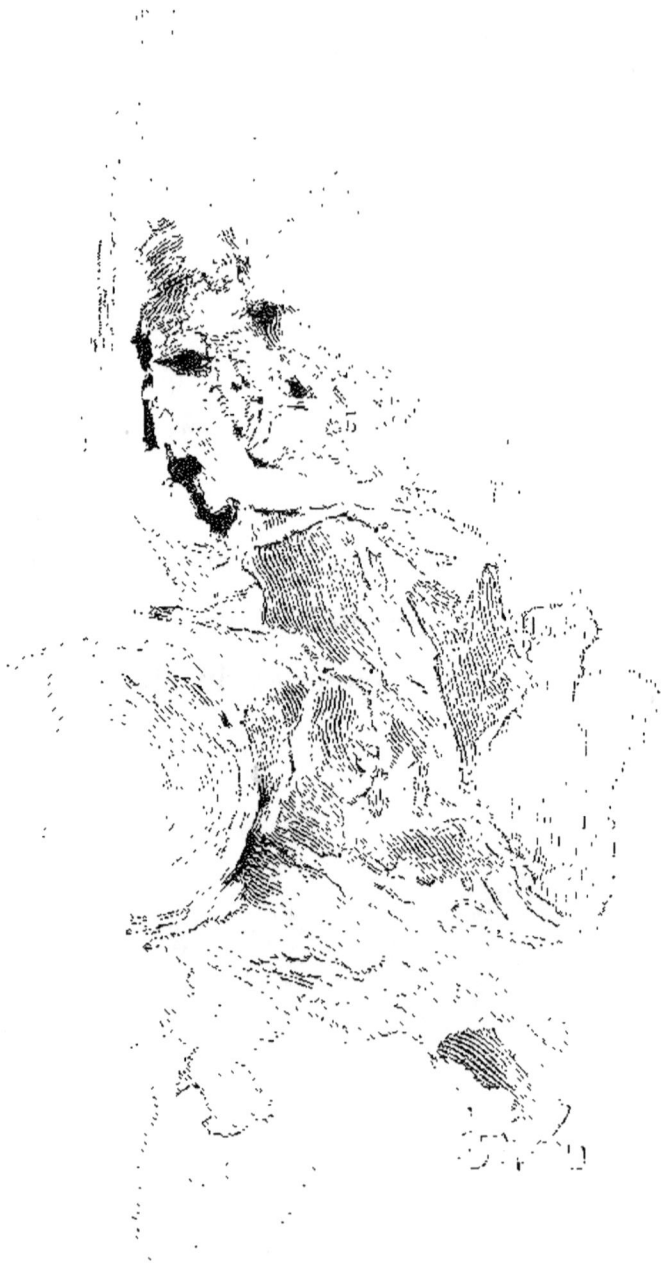

" *Petite Collection Guillaume* "

CERVANTES

La Jitanilla

Traduction de Jacques Soldanelle

Illustrations de Conrad et Marold

PARIS

F. DENTU, ÉDITEUR

3, *Place de Valois*, 3

M DCCC XCII

Préface

Miguel Cervantes Saavedra est né en 1547, il est mort en 1616. C'est, selon nous, le plus grand de tous les écrivains espagnols, celui où éclate l'originalité la plus profonde, le génie le plus incontestable. L'auteur de *Don Quichotte* et des *Novelas Ejemplares* doit être rangé parmi les Dante, les Shakespeare, les Molière, les

Gœthe, les Balzac, les Hugo, les Tolstoï, parmi les plus illustres des auteurs de tous les temps et de tous les pays.

Il dit de lui-même :

« Celui que vous voyez sur ce por-
« trait (1), au profil aquilin, aux cheveux
« châtains, au front uni et découvert, aux
« yeux allègres, et au nez recourbé quoi-
« que bien proportionné, à la barbe d'ar-
« gent — il y a vingt ans à peine, elle
« était d'or — aux moustaches fortes, à
« la bouche petite, aux dents rares, car il
« n'y en a que six devant, mal plantées
« et mal rangées; la taille ni grande ni
« petite; le teint vif, plutôt blanc que ba-
« sané, les épaules un peu lourdes et pas
« fort léger du pied; cette figure est, dis-
« je, celle de l'auteur de *Galathée*, de *Don*
« *Quichotte de la Manche*, du *Voyage au*
« *Parnasse*..... On l'appelle communément
« Miguel de Cervantes Saavedra : il fut
« soldat durant de nombreuses années, et,
« cinq ans et demi captif, il apprit la patience

(1) Cervantes suppose ici une inscription sous un portrait de lui-même, gravé au seuil des *Novelas Ejemplares*.

« dans l'adversité. A la bataille navale de
« Lépante, il perdit la main gauche d'un
« coup d'arquebuse, blessure qui peut pa-
« raitre laide, mais qu'il croit belle..... »
Puis, il fait cette fière déclaration :

« Je me figure — et il en est ainsi —
« que je suis le premier qui ait créé des
« nouvelles en langue castillane ; car les
« nombreuses nouvelles, qui sont impri-
« mées en notre langue, sont toutes tra-
« duites des langues étrangères : celles-ci
« sont les miennes propres, ni imitées ni
« volées — mon esprit les engendra, ma
« plume les traça. »

Et jamais fière déclaration ne fut plus
justifiée. Si Don Quichotte est un mer-
veilleux chef-d'œuvre, ainsi sont ces ado-
rables romans qui se nomment *Novelas
Ejemplares*. Le génie original, l'observa-
tion, le sentiment de la vie, la grâce, la
force s'y unissent dans une incomparable
harmonie.

La Jitanilla, que nous publions ici, est
un de ces chefs-d'œuvre (1). A travers le
roman d'amour doux et hardi, à travers

(1) L'opéra de Weber, *Préciosa*, est une adapta-
tion de « La Jitanilla ».

l'idylle d'Andrès et de Préciosa la gitane,
se meut la race mystérieuse des Bohémiens, — Gypsies, Égyptiens, Zingari, Gitanos — et les traits de mœurs sont si vifs,
si justes, si bien puisés dans le tréfonds
même, qu'aujourd'hui encore, nuance à
nuance, l'œuvre de Cervantes reste par-
faitement adaptée aux coutumes et au
caractère des énigmatiques nomades. A
côté de cette finesse de l'observateur, va
le joli récit, la belle passion briseuse
d'obstacles, qui met *La Jitanilla* de pair
avec les touchantes histoires d'amour qui
ont charmé les siècles.

Il semble que les Gitanos ne soient au
monde que pour voler ; ils naissent de
pères voleurs, grandissent avec les voleurs, étudient pour être voleurs — finalement, ils deviennent des voleurs incom-
parables, prêts à toute rapine, et le goût
du vol et le vol sont comme des accidents
inséparables d'eux jusqu'à la mort.

Une vielle Bohémienne, qui pouvait se vanter d'être maitresse dans la science de Cacus, éleva, comme étant sa petite-fille, une jeune enfant qu'elle nommait Préciosa. Elle lui enseigna tous ses secrets de gitane.

Cette petite Préciosa fut la plus merveilleuse danseuse parmi les gitanes, et aussi la plus charmante et la plus spirituelle jeune fille, non seulement entre les Bohémiennes, mais entre les plus belles dames de ce temps.

Ni le soleil, ni le plein air, ni toutes les inclémences du ciel, auxquels les gitanos sont plus exposés que les autres hommes, ne purent ternir sa figure ni brunir ses mains; qui plus est, son rude apprentissage ne fit que mieux montrer sa supériorité native sur les autres gitanes : elle était courtoise à l'extrême et de parole avisée.

Et avec tout cela, d'allure libre et même hardie, mais sans rien de déshonnête : au contraire, sa retenue était telle que nul gitano n'eût osé chanter des chansons lascives, ni dire des paroles indécentes devant elle.

La vieille femme connaissait le trésor qu'était sa petite-fille, et elle s'était déterminée, vieille aigle, à apprendre à son aiglon à voler au loin et à vivre de ses serres.

Préciosa était riche de chansons, de couplets, de seguédilles, de sarabandes et d'autres poésies, qu'elle chantait avec un charme singulier; l'habile grand'mère savait bien que de tels talents et de telles grâces, avec la jeunesse et la beauté de sa petite-fille, seraient de grands attraits et des appâts pour accroître sa fortune; et elle se les procura de toutes les façons qu'elle pouvait : les poètes ne lui manquèrent pas, car il est des poètes qui s'accommodent avec les gitanos pour leur vendre leurs ouvrages, de même que, pour les aveugles, il y en a qui inventent des miracles et prennent leur part du gain. Il y a de tout dans ce monde, et la faim, cette gredine, a forcé des hommes de génie à des choses qui ne sont pas sur le programme.

Préciosa grandit en diverses parties de Castille. A quinze ans, sa grand'mère putative la mena à la capitale, à son ancien

rancho, dans les champs de Santa-Bar-
bara. Elle pensait vendre sa marchandise
à la Cour, où tout s'acquiert et tout se
vend.

La première entrée de Préciosa à Madrid fut un jour de Sainte-Anne, pa-
trone et avocate de la ville, dans un ballet
de huit gitanes, quatre anciennes et quatre
jeunes, qu'un Bohémien, grand danseur,
commandait. Elles étaient élégamment
vêtues, mais Préciosa était si pleine de
grâce et de goût, que peu à peu elle
émerveilla tous les yeux.

Parmi les sons du tambourin, des cas-
tagnettes, et l'animation de la danse, une
rumeur s'éleva sur la beauté et le charme
de la jeune gitane : les gamins accou-
raient pour la voir et les hommes pour
l'admirer.

Quand ils l'entendirent chanter, car la
danse se mêlait de chants, la renommée
de la Jitanilla grandit.

A l'unanimité, on lui accorda le joyau,
prix de la meilleure danse. Et quand vint
la fête, à l'église de Sainte-Marie, devant
l'image de Sainte-Anne, après avoir dansé,
Préciosa prit un tambourin à sonnailles,

au son duquel, voltant avec légèreté, elle entonna la chanson célèbre :

» Très précieux arbre, qui tardas à pro-
» duire du fruit ; les années pouvaient te
» couvrir de tristesse, et rendre précaires
» — contre son espérance — les désirs
» de ton époux.

» De ce retard naquit la malentente, qui
» fit sortir le grand juste du temple.

» Sainte terre stérile, qui enfin produi-
» sis toute l'abondance qui nourrit le
» monde. Maison où se forgea le coin
» qui donna à Dieu sa forme d'homme.
» Mère d'une fille, en qui Dieu montra
» des grandeurs surhumaines.

» Par toi et par elle, tu es, Anne, le
» refuge, le remède de toutes nos infor-
» tunes.

» En certaine manière tu tiens, je n'en
» doute point, sur ton Petit-Fils, un em-
» pire pieux et juste.

» Hôtesse divine, quels parents ne
» rechercheraient ta gloire : quelle fille !
» quel petit-fils ! quel gendre !

» Tu pourrais, avec justice, chanter tes
» triomphes : mais, humble, tu allas à
» l'école où ta Fille apprit l'humilité.

» Et maintenant, tout près d'elle aux
» côtés de Dieu, ta grandeur surpasse
» l'imagination.

Le chant de Préciosa émerveilla ceux
qui l'écoutaient. Les uns disaient : « Dieu
te bénisse, jeune fille ! » Les autres :
« Quel dommage qu'elle soit gitane ! En
vérité, elle méritait d'être fille de grand
seigneur. » De plus grossiers disaient :
« Laissez grandir la petite fille, elle fera
des siennes ! Par la foi ! elle va serrer les
mailles de gentils rêts pour prendre les
cœurs ! » Un autre, de bonne nature,
mais lourd et bête, la voyant si légère à
la danse, s'écria :

« Courage, ma fille, courage... alerte,
les amours, pulvérise la terre ! »

Elle répondit sans interrompre la danse :

« Eh ! je la pulvériserai ! »

Après les vêpres et la fête de Sainte-
Anne, Préciosa était un peu lasse, mais

déjà si célébre pour sa beauté, sa finesse,
la grâce de sa danse, qu'on s'assemblait
pour en parler.

Quinze jours plus tard, elle revint à
Madrid, avec trois autres jeunes filles, des
tambourins et un ballet nouveau. Elles
s'étaient pourvues d'une nouvelle danse, et
de chansons et chansonnettes allègres
mais honnêtes; car Préciosa ne consentait
pas à ce que ses compagnes chantassent
des chansons immodestes; elle-même n'en
chantait jamais.....

Beaucoup de ceux, qui virent la jeune
gitane, remarquèrent sa décence. Ils en
eurent plus d'estime pour elle : la vieille
grand'mère, comme un Argus, la surveil-
lait de près, de crainte qu'on ne la lui
corrompît et qu'on ne l'enlevât.

Les gitanes dansèrent à l'ombre, dans
la *Calle de Tolède*, pour plaire à ceux qui
les regardaient; la foule augmentait autour d'elle : pendant la danse, la vieille
demandait l'aumône aux spectateurs, et
les *octavos* et les *cuartos* tombaient drus
comme pierre — tant la beauté a de force
pour réveiller la charité endormie.

Après la danse, Préciosa dit :

« Si l'on me donne quatre cuartos, je
chanterai seule une romance, d'une beauté
extrême, qui raconte comment notre dame,
la reine Marguerite, assista à la messe de
relevailles à Valladolid, et alla à Saint-
Laurent : cette romance est fameuse, com-
posée par un poète habile. »

A peine dit-elle cela, que presque tous
les assistants s'écrièrent :

« Chante ! Préciosa, voilà mes quatre
cuartos ! »

Et les cuartos tombèrent en si grand
nombre que la vieille avait peine à les
ramasser. Lorsqu'elle eut fini sa moisson,
Préciosa agita ses sonnailles, et d'un ton
courant et gai, chanta la romance de la
reine Marguerite.

» Voici venir à la messe de relevailles,
» la plus grande reine d'Europe — par la
» vertu et le nom, riche et admirable
» joyau.

» Comme se lèvent les yeux, se lèvent
» toutes les âmes, de ceux qui la regar-

....

» dent et s'émerveillent de sa dévotion et
» de sa pompe.

» Et, pour montrer qu'elle est une part
» du ciel sur la terre, d'un côté elle tient
» le soleil d'Autriche, de l'autre le tendre
» Aurore. Un brillant cortège la suit :

» D'abord c'est une étoile qui surgit la
» nuit où le ciel et la terre pleurent.

» Et si, au ciel, il est des étoiles qui
» forment des chars de lumière, sur les
» chars du cortège, il y a des ciels où de
» vives étoiles resplendissent.

» Voici l'antique Saturne, qui démêle
» sa barbe et renaît : et, quoique lourd, il
» va léger, car le plaisir guérit la goutte.

» Le dieu d'éloquence paraît dans les
» langues galantes et amoureuses, Cupi-
» don dans les emblèmes brodés de rubis
» et de perles.

» Là, va le furieux Mars : il est person-
» nifié par une foule de jeunes gens
» galants et ornés, qui de leur propre
» ombre s'effarouchent.

» Près du soleil paraît Jupiter : rien
» n'est difficile à la force fondée sur les
» œuvres.

» La lune est entre deux déesses sœurs ;

» de petits Ganymèdes vont et tournent.

» Tout le cortège excite l'étonnement
» et l'admiration : Milan avec ses riches
» tissus ; l'Inde et ses diamants, l'Arabie
» et ses aromes.

» S'il est des cœurs pervers où se
» montre l'envie, la présence de la reine
» excite la joie de la loyauté espagnole.
» L'allégresse s'agite par les Calles et les
» places, désordonnée et folle.

» Mille bénédictions muettes accompa-
» gnent les cris d'éloge : et les enfants
» répétent les paroles des hommes.

» Tel dit : Vigne féconde, crois, em-
» brasse ton heureux orme : qu'il t'om-
» brage durant mille siècles, pour ta gloire,
» pour le bien et l'honneur de l'Espagne,
» et pour l'Église, et pour l'épouvante de
» Mahomet !

» Un autre clame : Vis, ô blanche
» colombe, qui nous as donné des aigles à
» deux couronnes, afin de faire fuir les
» furieux oiseaux de rapine et de protéger
» les vertus craintives !

» Une autre plus spirituelle et plus grave,
» plus avisée et plus fine, dit :

» Cette perle unique que tu nous

» donnas, nacre d'Autriche, que de trahi-
» sons et de perfidies elle déjoue ! que
» d'espérances elle donne et que de ter-
» reurs elle éveille !

» Elle arrive enfin au temple du saint
» Phénix qui fut consumé à Rome, mais
» qui vit pour toujours dans la gloire !

» A l'image de la Princesse du Ciel, qui,
» pour s'être humiliée, marche à pré-
» sent sur les étoiles, à la vierge-mère,
» Marguerite parle ainsi :

» — Ce que tu me donnas, je te donne,
» main généreuse. Les premiers de mes
» fruits, je te les offre, vierge de beauté :
» que ta grâce soit avec eux !

» — Et je te prie pour leur père, l'Atlas
» humain, qui supporte le poids de tant de
» royaumes, sous des climats si éloignés :
» le cœur du Roi repose en Dieu, et toi,
» de Dieu tu peux obtenir ce que tu
» demandes.

» Après cette oraison, des hymnes s'élè-
» vent et l'office se termine. Le char
» céleste de la reine retourne à sa place.

A peine eut-elle fini, que de l'illustre

auditoire qui l'écoutait, des voix unies
s'élevèrent :

« Recommence, Préciosa, les cuartos
ne te manqueront pas plus que la terre
où tu danses ! »

Plus de deux cents personnes contemplaient la danse, écoutaient le chant des
gitanes; et dans l'instant de la plus
grande fougue, un des lieutenants de la
ville passa par là.

Voyant tant de monde assemblé, il demanda ce qui se passait. Il sut tout de
suite que c'était un rassemblement autour
d'une belle gitane qui chantait.

Curieux, il s'approcha et écouta un moment. Pour ne pas compromettre sa gra-
vité, il n'écouta pas la chanson jusqu'à la
fin : mais la Jitanilla lui ayant paru charmante, il envoya un de ses pages dire à
la vieille d'amener, le soir, les jeunes gitanes à sa maison, car il voulait que dona
Clara, sa femme, les entendît.

Le page remplit sa mission, et la vieille
dit qu'elle irait.

Après le ballet et les chants, la troupe
s'éloigna; alors, un page très bien vêtu
vint à Préciosa et lui donna un papier plié :

... Un page vint à Pré-
ciosa et lui donna un
papier plié...

« Préciosita, chante la romance qui est là... car elle est fort belle, et je t'en donnerai d'autres de temps en temps... pour que tu atteignes la gloire de la meilleure chanteuse de romances du monde.

— J'apprendrai du meilleur cœur, — répondit Préciosa ; — et tâchez, seigneur, de ne pas oublier de me donner les romances que vous me promettez, à condition qu'elles soient honnêtes : si vous voulez qu'on vous les paie, entendons-nous pour la douzaine — la douzaine chantée, la douzaine payée. Quant à penser que je vous les paierai à l'avance, c'est impossible.

— Pourvu que la senora Préciosita me donne seulement pour le papier, — dit le page, — je serai content : et de plus, toute romance qui ne sera pas bonne et honnête, n'entrera pas en compte !

— Je ferai mon choix ! » répondit Préciosa.

Les gitanes suivaient la *calle*, lorsque, d'une fenêtre, des caballeros les appelèrent. Préciosa, allant près du grillage, vit, dans un salon bien orné et très frais,

quelques gentilshommes : les uns passaient et repassaient, les autres s'adon-
naient à divers jeux.

« Me donnez-vous des étrennes, zéno-
res ?» dit Préciosa, qui zézayait *comme*
font les gitanes : c'est un artifice chez elles,
et non une chose de nature.

A la voix et au visage de Préciosa, les
uns cessèrent de marcher et les autres
de jouer ; ils vinrent à la fenêtre pour la
bien voir, car ils connaissaient déjà sa
renommée. Ils dirent :

« Entrez, entrez, les gitanillas ! nous vous
donnerons ici des étrennes !

— Elles seraient chères, — riposta
Préciosa, — si on nous maltraitait !

— Non, foi de caballeros ! — répondit
l'un d'eux. — Tu peux entrer, jeune fille,
certaine que personne ne touchera à la
bordure de tes souliers ! Non, par l'Ordre
dont je suis revêtu ! »

Et il posa la main sur la croix de
l'ordre de Calatrava.

« Si tu le veux, entre, Préciosa, — dit
une des jeunes gitanes qui étaient avec elle,
— entre, à la bonne heure !... Moi, je ne
pense pas à entrer où il y tant d'hommes !

— Écoute, Cristina : ce dont tu dois te garder, c'est d'un homme seul à seule, et non de tant d'hommes réunis ; au contraire, en grand nombre ils éloignent la peur d'être offensée ! Cristinica, sois sûre d'une chose : que la femme qui se détermine à être vertueuse peut l'être parmi une armée de soldats. Il est vrai qu'il est bon de fuir les occasions, mais plutôt les occasions secrètes que les publiques !

— Entrons, Préciosa, — dit Cristina, — tu en sais plus qu'un savant ! »

La vieille les encouragea, et elles entrèrent.

A peine Préciosa était entrée que le chevalier de l'Ordre vit le papier qu'elle avait dans son sein ; il alla vers elle, le lui prit et elle dit :

« Ne me le prenez pas, senor, c'est un poème qu'on m'a donné à l'heure même, et que je n'ai pas lu.

— Tu sais lire, ma fille ? — dit quelqu'un.

— Et écrire, — répondit la vieille, — car j'ai élevé mon enfant comme si c'était la fille d'un avocat. »

Le caballero ouvrit le papier, et vit qu'il contenait un écu d'or. Il dit :

« En vérité, Préciosa, cette lettre ren-
ferme son port. Prends cet écu.

— Baste ! — dit Préciosa, — le poète
m'a traitée en pauvresse ! Il est certain
que c'est un plus grand miracle qu'un
poète me donne un écu qu'à moi de le
recevoir : si de tels noyaux viennent avec
ses romances, qu'il transcrive tout le *Ro-
mancero général*, et qu'il me l'envoie feuillet
par feuillet ; j'en mesurerai le poids, et
s'ils sont durs, je serai douce à les ac-
cueillir. »

L'émerveillement tenait ceux qui écoutaient la Jitanilla, autant pour son intelligence que pour la grâce de sa parole.

« Lisez, senor, — dit-elle, — et lisez
tout haut ; nous verrons si le poète est
aussi fin qu'il est libéral ! »

Et le gentilhomme lut :

» Très belle Gitanita — Pour ton cœur
» de pierre, on t'appelle Préciosa.

» Car c'est une vérité, comme tu peux
» le voir en toi, que jamais ne se sépa-
» rent le mépris et la beauté.

» Si, comme tu grandis en grâce, tu
» grandis en arrogance, j'ai bien peur
» pour l'époque où tu as pris naissance.

» Car, un basilic croît en toi, qui tue
» par son regard : et ton empire, quoique
» charmant, nous paraît une tyrannie.

» Entre les pauvres et les vagabonds,
» *comment naquit une telle beauté ?* Oh !
» comment une telle splendeur vint-elle
» de l'humble Manzanarès ?

» Pour cela, il sera fameux, autant que
» le Tage doré : et, pour Préciosa, comme
» le Gange il sera célébré.

» Tu dis la bonne aventure, et tu la
» donnes continuellement mauvaise ; car,
» ne vont pas par un même chemin, ton
» intention et ta beauté.

» Parce que, dans le péril de te contem-
» pler, ton intention tend à disculper, et
» ta beauté à donner la mort.

» On dit qu'elles sont sorcières, toutes
» celles de ta nation : mais tes charmes
» sont plus forts et plus vrais.

» Puisque, pour enlever les dépouilles,
» de tous ceux qui te voient, ô nina, les
» charmes sont dans tes yeux !

» Sur toutes les forces tu domines :

» car, dansante, tu nous ravis ; et tu nous
» tues, quand nous te regardons ; et tu
» nous enchantes quand tu chantes !

» De cent mille manières, tu charmes
» par ta parole, ton silence, tes chants,
» tes regards ! Où que tu approches ou
» que tu partes, tu attises le feu de
» l'amour.

» Au cœur le plus libre, tu imposes
» ton empire ; de quoi le mien témoigne,
» satisfait de ta domination.

» Préciosa, joyau d'amour, voici ce
» qu'écrit humblement, celui qui pour toi
» meurt et vit, pauvre. »

« C'est en pauvre que finit le poëme, —
dit Préciosa, — mauvais signe ! Jamais les
amoureux ne doivent dire qu'ils sont pauvres, car au début, à ce qu'il me paraît, la
pauvreté est grande ennemie de l'amour !

— Qui t'enseigne cela, jeune fille ! —
dit un gentilhomme.

— Qui me l'enseignerait ? — répondit
Préciosa. — Ne possédai-je pas mon âme ?

N'ai-je pas mes quinze ans ? Je ne suis ni
manchote, ni boiteuse, ni estropiée de
l'entendement : l'esprit des gitanes va
autrement que celui des gens ordinaires ;
toujours il devance les années ; il n'est
point de gitano niais, ni de gitane lourde.
Comme, pour soutenir leur vie, ils dépen-
dent de leur astuce, finesse et ruse, ils
exercent leur esprit à chaque pas.

« Voyez-vous ces jeunes filles, mes compagnes, qui sont silencieuses et paraissent
sottes ? Mettez-leur le doigt dans la bouche, et essayez leurs dents de sagesse,
vous verrez ce que vous verrez. Il n'y a
pas de fillette de douze ans chez nous, qui
n'en sache autant qu'une des vôtres de
vingt-cinq, parce qu'elles ont pour maîtres
et précepteurs le diable et l'usage, qui leur
apprennent en une heure ce qu'elles n'ap-
prendraient qu'en un an. »

. Tandis qu'elle parlait, la Jitanilla tenait
chacun suspendu à ses lèvres.

La bourse de la vieille s'emplit de trente
réaux, et plus riche et allègre qu'une
Pâques Fleuries, elle mena devant elle ses
agnelles, et alla à la maison du seigneur
lieutenant, ayant promis de ramener un

autre jour son troupeau pour contenter ces seigneurs si généreux.

Déjà prévenue, la senora dona Clara, femme du lieutenant, attendait les Bohémiennes comme l'ondée de mai. Elle avait auprès d'elle ses femmes et ses duègnes, et les femmes d'une autre senora, sa voisine.

A peine les gitanes étaient-elles arrivées, que Préciosa resplendit entre les dames, comme la lueur d'une torche entre de petites lumières ; aussi, tout le monde courut à elle. Les unes l'embrassaient, d'autres l'admiraient ; certaines la bénissaient.

Dona Clara disait :

« C'est là ce qu'on peut nommer une chevelure d'or ! Et voilà des yeux d'émeraude ! »

La senora, sa voisine, l'examinait en ses moindres détails. Elle admira fort une fossette au menton de Préciosa :

« Oh ! quelle fossette ! Dans cette fossette doivent s'éblouir tous les yeux !

Ce qu'entendant, un écuyer de dona Clara, à longue barbe et déjà âgé, dit :

— Vous nommez cela une fossette, ma-

dame ? Ou j'en sais peu sur ce chapitre,
ou ceci est une fosse pour enterrer les
vivants ! Par Dieu, la Jitanilla est si gra-
cieuse, que d'argent ou de sucre elle ne le
pourrait être plus ! Sais-tu dire la bonne
aventure, ma fille ?

— De trois ou quatre manières, — répondit Préciosa.

— Oh ! cela encore ! — dit dona Clara.
— Par la vie du lieutenant, mon seigneur,
tu me la diras, fillette d'or et d'argent,
fillette d'escarboucles et de perles, fillette
du Ciel !

— Donnez, — dit la vieille, — donnez la
paume de la main à la fillette et de quoi
faire la croix, et vous verrez quelles choses
elle dira ; elle en sait plus qu'un docteur
en médecine. »

En mettant la main à sa poche, la senora
lieutenante, vit qu'elle n'avait pas un
blanc ; elle demanda un cuarto à ses suivantes ; aucune n'en avait, ni la senora
voisine. Préciosa, voyant cela, dit :

« Toutes les croix, en tant que croix,
sont bonnes — mais celles d'argent ou d'or
sont meilleures. Faire la croix dans la
paume de la main avec une monnaie de

cuivre, cela trouble la bonne aventure, du
moins la mienne : aussi je préfère tracer
la première croix avec un écu d'or, ou un
réal de huit, ou au moins de quatre : je
suis comme les sacristains, qui se réjouis-
sent quand l'offrande est bonne.

— Tu es vraiment douée, fillette, — dit
la senora voisine.

Et se tournant vers l'écuyer, elle lui
dit :

— Vous, seigneur Contreras, n'avez-
vous aucun réal de quatre ? Quand viendra
le docteur mon mari, je vous les rendrai.

— J'en ai un, — répondit Contreras, —
mais il est en gage pour les vingt-deux maravédis de mon souper de la nuit dernière :
donnez-les-moi, et j'irai dégager le réal.

— Nous ne tenons pas entre nous toutes
un cuarto, — reprit dona Clara, — et vous
voulez vingt-deux maravédis ! Allez, Contreras, vous serez toujours un impertinent !»

Une des suivantes, voyant la stérilité
de la maison, dit à Préciosa :

« Jeune fille, peut-on faire la croix avec
un dé d'argent ?

— Vraiment, — répliqua Préciosa, — on
fait les meilleures croix du monde avec

des dés d'argent, surtout s'il y en a beaucoup.

— J'en ai un, — répliqua la suivante ;
— si c'est suffisant, le voilà... sous condition que tu me diras aussi la bonne
aventure.

— Pour un dé, tant de bonnes aventures !
— dit la vieille gitane, — fillette, sois
preste, il se fait nuit ! »

Préciosa prit le dé et la main de la senora lieutenante, et lui dit sa bonne aventure.

» Belle, belle, aux mains d'argent,
» plus t'aime ton mari, que le roi des
» Alpujurras.

» Tu es la palombe sans fiel, mais par-
» fois tu es comme la lionne d'Oran ou la
» tigresse d'Ocana.

» Mais en un tras, en un tris, la mau-
» vaise humeur te quitte, et tu es comme
» de la cire, ou comme une inoffensive
» brebis.

» Tu disputes beaucoup et manges peu ;
» tu es jalouse, quelquefois, car le Tiniente
» est galant, et il aime à plaisanter.

» Quand tu étais jeune fille, quelqu'un
» d'aimable t'aima ; que mal advienne aux
» tiers qui se mettent en travers des
» goûts.

» J'aimerais ne pas te le dire, mais peu
» importe, allons : en veuvage tu revien-
» dras, et deux fois te remarieras.

» Ne pleure pas, ma senora, car pas
» toujours les gitanes ne disent parole
» d'Évangile ! Ne pleure pas, senora !

» Car si tu meurs plus tôt que le senor
» Tiniente, .cela pourra remédier aux
» ennuis du veuvage qui te menace !

» Tu hériteras très prochainement d'une
» grande fortune ; tu auras un fils cha-
» noine — dans quelle église, je n'en sais
» rien : à Tolède, ce n'est pas possible.

» Puis, une fille blonde et blanche, tu
» auras, qui, si elle est religieuse, arrivera
» à être abbesse. Si ton époux ne se meurt
» avant quatre semaines — tu le verras
» corrégidor de Burgos ou Salamanque.

» Une envie te tient : quel charmant
» objet ! Ah ! Jésus, quelle lune claire !
» quel soleil qui, aux antipodes, éclaire
» les obscures vallées !

» Garde-toi des chutes, principalement

» sur le dos : car elles sont périlleuses
» pour les grandes dames.

 » Des choses encore sont à te dire : si
» vendredi tu m'attends, tu les entendras,
» beaucoup sont agréables et quelques-
» unes néfastes.

Elle éveilla chez toutes les dames
l'ardent désir de connaître la leur : aussi
la lui demandèrent-elles. Elle remit tout
au vendredi suivant, en leur faisant pro-
mettre qu'elles auraient les réaux d'argent
pour faire les croix.

Durant ce temps, survint le senor lieutenant. On lui conta des merveilles de la
Jitanilla ; il la pria de danser, et confirma
toutes les louanges. Il mit la main à la
poche, fit le signe de chercher, et, après de
longues fouilles, il retira la main vide en
murmurant :

 « Par Dieu ! je n'ai pas un blanc !
dona Clara, donnez un réal à Préciosita,
je vous le rendrai tout à l'heure.

 — Voilà qui va bien, seigneur ! Nous

....

n'avons, entre nous toutes, pas un cuarto
pour faire le signe de la croix, et vous
demandez un réal ! Donnez-lui l'un de vos
rabats, ou quelque autre chose, et·quand
Préciosa reviendra, nous la régalerons
mieux !

— Afin qu'elle revienne un autre jour,
je ne donnerai rien à Préciosa aujourd'hui !
— répliqua le lieutenant.

— Au contraire, si vous ne me donnez
rien, — dit Préciosa, — jamais plus je ne
reviendrai... mais si, pour servir de si
hauts seigneurs, je reviendrai : mais je me
persuaderai d'avance que je n'aurai rien,
et j'économiserai l'espérance ! Trafiquez
de la justice, senor lieutenant, trafiquez-
en pour de l'argent, et ne faites pas de
nouvelles coutumes, car vous mourriez
de faim ! Écoutez, senor ; j'ai entendu dire
— et malgré ma jeunesse je comprends que
ce sont de mauvais propos — qu'il faut
soutirer de l'argent des places, pour pré-
tendre à d'autres places !

— C'est ce que disent et font les gens
sans âme ! — répliqua le lieutenant ; — mais
le juge qui justifiera de ses bons services
n'aura point à payer de condamnation, et

sa bonne conduite plaidera pour qu'il obtienne d'autres charges !

— Votre Seigneurie parle comme un saint, — répondit Préciosa ; — faites ainsi, nous ferons des reliques de vos vêtements !

— Tu sais beaucoup, Préciosa, — dit le lieutenant ; — je te ferai voir à Leurs Majestés, car tu es un morceau de roi !

— Ils voudront me faire faire des tours, — répliqua la gitane, — je ne le pourrai point, et tout ira à ma perte ; s'ils me désiraient pour mon esprit, je dirais oui ; mais dans certains palais, les escamoteurs réussissent mieux que les gens d'esprit. Je me trouve bien d'être gitane et pauvre, et, pour le reste, que la chance tourne comme le ciel le voudra.

— Va, nina, — dit la vieille gitane, — ne parle plus, tu as beaucoup parlé.... tu en sais plus long que je ne t'ai enseigné ; ne sois pas si fine, ta pointe se romprait : parle de ce que tes années permettent, et ne va pas si haut, car il n'est point de hauteur qui ne menace de chute.

— Le diable tient ces gitanes ! » s'exclama le lieutenant.

Les gitanes prirent congé. Alors, la suivante au dé demanda.

« Préciosa, dis-moi la bonne aventure, ou rends-moi mon dé ; je n'en ai pas d'autre pour travailler.

— Senora suivante, — répondit Préciosa, — faites comme si je l'avais dite, et pourvoyez-vous d'un autre dé, ou ne faites point de couture jusqu'à vendredi... et je dirai plus d'aventures que n'en contient un livre de chevalerie. »

Les gitanes s'en furent et se joignirent à des campagnards qui partaient de Madrid à l'heure de l'*Ave Maria* : elles étaient ainsi en nombreuse compagnie et en toute sécurité — car la vieille gitane vivait dans la continuelle terreur qu'on ne lui enlevât Préciosa.

Un matin que la vieille allait à Madrid avec les jeunes filles, elles virent, en un val qui est à cinq cents pas de la ville, un jeune homme de bonne mine richement équipé : son épée et sa dague resplendissaient *comme de l'or* ; il portait un sombrero garni d'une bande précieuse et de plumes multicolores.

Les gitanes s'arrêtèrent à sa vue, et se

mirent à le regarder, s'étonnant qu'à une
telle heure, un si beau jeune homme fut
en un tel lieu, à pied et seul.

Il alla vers elles, et parlant à la vieille
bohémienne, lui dit :

« Par votre vie ! amie, faites-moi le
plaisir, vous et Préciosa, d'entendre, à
part, deux paroles, qui seront à votre
profit !

— Si nous ne devons pas nous arrêter
ni nous détourner longtemps, soit ! —
répondit la vieille.

Et appelant Préciosa, elles allèrent à
vingt pas des autres gitanes. Le jeune
homme leur dit :

— Je suis épris de telle manière de
l'intelligence et de la beauté de Préciosa,
qu'après de longs efforts pour éviter d'en
venir à ce point, je me trouve dans l'im-
possibilité absolue de me dégager. Je suis
chevalier, mesdames, comme pourront
vous le montrer mes insignes !

Et, écartant son manteau, il découvrit
sur sa poitrine, l'insigne d'un des ordres
les plus renommés d'Espagne.

— Je suis le fils de... (Par discrétion,
nous n'écrivons pas le nom de famille

du héros). Encore sous la tutelle pater-
nelle, je suis fils unique, et j'espère un
raisonnable majorat : mon père est à
la Cour, sollicitant une charge qu'il
obtiendra sous peu — et quoique je sois
de bonne noblesse et qualité, comme je
viens de vous le dire, je voudrais être tout
à fait grand seigneur pour élever à ma
grandeur l'humilité de Préciosa. Je ne
prétends pas à elle pour la décevoir — la
loyauté de mon amour est trop grande
pour qu'il puisse s'y mêler aucune trom-
perie ! Je ne veux que la servir, de la
manière qu'elle préférera : sa volonté est
la mienne — mon âme est de cire pour
elle : elle pourra y imprimer ce qu'elle
voudra. Et pour garder ses ordres, ils ne
seront pas comme imprimés sur la cire,
mais comme sculptés dans le marbre ; si
vous croyez à ma sincérité, mon espérance
est sans bornes ; mais si vous ne me croyez
pas, vos défiances me tiendront perpétuel-
lement dans la tristesse. Voici mon nom
— et il dit son nom. — Vous connaissez déjà
le nom de mon père ; ma maison est dans
telle *calle*, avec tels et tels signes. Il y a des
voisins auprès desquels vous pouvez vous

informer ; d'ailleurs le nom de mon père et sa qualité ne sont pas si obscurs qu'on ne les connaisse à la Cour et à la ville. J'ai là cent écus d'or, pour vous les donner comme arrhes et comme signe de ce que je pense vous donner : car on n'est pas chiche de sa fortune quand on donne son âme. »

Pendant que le caballero parlait ainsi, Préciosa le regardait bien attentivement, et, sans doute, ni ses paroles ni son aspect ne lui déplurent :

« Pardonne-moi, grand'mère, — fit-elle en se tournant vers celle-ci, — si je prends la liberté de répondre à ce seigneur si amoureux !

— Réponds à ta guise, fillette, — répondit la vieille, — je sais que tu as de l'esprit en tout !

Préciosa dit donc :

— Seigneur caballero, quoique je ne sois qu'une gitane, pauvre et d'humble naissance, j'ai un certain esprit fantastique qui m'élève à de grandes choses ! Les promesses ne m'émeuvent et les dons ne me domptent, ni les soumissions ne me plient, ni les propos d'amour ne m'ef-

fraient : quoique à peine âgée de quinze
ans — d'après le compte de ma grand'mère,
je les aurai à la St-Michel — je suis déjà
vieille en pensée, et j'en sais plus que ne
le promet mon âge, plus par mon bon
naturel que par mon expérience ; en somme, de toute manière je sais que les pas-
sions d'amour égarent la volonté. Mais, si
on réalise son désir, le désir diminue
avec la possession, et, les yeux s'ouvrant
alors, souvent on voit qu'il faut justement
exécrer ce qu'on adorait : cette crainte
engendre en moi une telle défiance que
je ne crois à aucune parole, et que je
doute de beaucoup d'œuvres !

« Je ne possède qu'un seul joyau, que
j'estime plus que la vie — c'est ma pudeur
et ma virginité ; et je ne tiens pas à les
vendre au prix de promesses ni de dons ;
car enfin, ils seraient vendus, et s'ils pouvaient l'être, ils seraient indignes d'estime. Je ne me les laisserai point enlever
non plus par la ruse ou la trahison ; au
contraire, je préférerais les emporter au
tombeau, plutôt que de les mettre en
péril de chimères ou fantaisies qui les
souilleraient. La virginité est une fleur,

qui ne devrait, si c'était possible, pas
même être offensée en imagination : la
rose coupée du rosier, avec quelle rapi-
dité et facilité elle se fane ! Celui-ci la
touche, celui-là la repire, l'autre l'effeuille,
et finalement, elle meurt entre des mains
de rustre ! Si vous ne venez, seigneur,
que pour cela seulement, vous ne l'aurez
que par le mariage ; que si ma virginité
doit succomber, que ce soit sous ce joug
sacré, car alors elle ne sera pas perdue,
mais échangée loyalement avec la promesse
d'heureux bénéfices. Si vous désirez être
mon époux, je serai à vous ; mais d'abord
doivent s'accomplir de nombreuses conditions : premièrement je dois savoir si vous
êtes ce que vous dites ; puis, cette vérité
reconnue, vous aurez à quitter votre
demeure, à l'échanger contre nos ranchos,
à prendre l'accoutrement des gitanos, et à
rester deux ans à nous suivre : après cela,
si vous êtes content de moi, et moi de
vous, je me donnerai en mariage ; mais
d'ici là vous me considérerez comme votre
sœur et humble servante : songez que
durant ce noviciat vous pouvez recouvrer
la vue, que vous avez perdue maintenant,

ou pour le moins trouble, et que peut-être · vous verrez qu'il convient de fuir ce que vous suivez aujourd'hui si vivement ; et, la liberté recouvrée, un bon repentir fait pardonner bien des fautes. Si, sous ces conditions, vous voulez entrer parmi nos soldats, le choix est entre vos mains, mais si une seule de ces conditions manque, vous ne toucherez pas un seul de mes doigts. »

Le jeune homme demeura interdit des paroles de Préciosa, et il regarda le sol, considérant attentivement ce qu'il allait répondre.

Ce que voyant, Préciosa recommença à parler :

« Ce n'est pas un cas de si peu d'importance qu'il puisse ni doive se résoudre dans le temps présent : retournez, senor, à la ville et considérez longuement ce que vous croirez vous convenir ; vous pourrez, ici même, me parler les jours de fête, à l'aller ou au retour de Madrid.

Il répondit :

— Quand le ciel me fit t'aimer, ma Préciosa, je me déterminai à faire tout ce que tu exigerais : il ne me vint pourtant

jamais à la pensée que tu exigerais ce que
tu exiges. Mais puisque tu veux que mon
goût se plie au tien, compte-moi pour
gitano désormais, et fais sur moi toutes
les expériences que tu voudras — tu me
verras toujours le même qu'à présent !
Quand veux-tu que je change mes vêtements ? Je voudrais que ce fût ce matin —
j'abuserai mes parents en prétextant que je
vais en Flandre, et j'en obtiendrai de l'argent pour vivre quelque temps ; il suffira
de huit jours pour préparer mon départ :
pour ceux qui seront mes compagnons, je
saurai les tromper de manière à réaliser
ma détermination. Ce que je te demande
— si déjà je puis te demander quelque
chose — ce dont je te supplie, c'est,
quand tu te seras informée de ma qualité
et de celle de ma famille, de ne plus aller
à Madrid, afin qu'aucune des puissantes
occasions, qui s'y présentent, ne m'enlève
le bonheur qui me coûte tant !

— Non ! seigneur amoureux, — répondit
Préciosa —... sachez qu'avec moi il faut une
liberté sans entraves, une liberté qui ne
soit pas troublée par les ombres de la
jalousie, et comprenez que je ne la pren-

drai pas si extrême qu'on ne puisse voir
de loin que mon honnêteté égale mon
indépendance ! La première condition que
j'impose, c'est une entière confiance en
moi : les amants, qui commencent par la
jalousie, sont des sots ou des fats !

— Satan te tient au corps, petite fille ! —
cria la vieille gitane. — Vois ! les choses que
tu dis, un collégial de Salamanque ne les
dirait pas ! Tu connais l'amour, tu connais
la jalousie et la confiance ! Comment cela ?
Tu m'affoles, et je suis là t'écoutant comme une personne ensorcelée qui parle
latin sans le savoir.

— Grand'mère... — répondit Préciosa, — sachez que toutes les choses que
vous m'entendez dire sont des paroles
d'enfant à côté de celles que je garde en
moi ! »

Tout ce que disait Préciosa, et toute la
discrétion qu'elle montrait, c'était mettre
de l'huile sur le feu qui brûlait dans la
poitrine de l'amoureux.

Finalement, ils convinrent de se revoir
au même endroit, dans huit jours, et qu'il
rendrait compte du résultat de ses affaires :
durant ce temps, elles pourraient se ren-

dre compte de la véracité de ce qu'il avait
dit.

Le jeune homme tira une bourse de
brocart, où il y avait cent écus d'or, et la
tendit à la vieille. Préciosa ne voulut en
aucune manière qu'elle la prit; mais la
gitane se récria:

« Tais-toi, nina, car le meilleur signe
que ce senor ait donné de sa soumission,
c'est d'avoir remis les armes; le don, en
quelque occasion que ce soit, fut toujours
l'indice d'un cœur généreux, et souviens-
toi du proverbe qui dit : « Prier le ciel,
« et donner du marteau. » De plus, je ne
veux pas que les gitanes perdent la réputation d'avides et d'économes qu'elles ont
acquise à travers bien des siècles. Tu veux,
Préciosa, que je repousse cent écus, qu'on
peut porter cousus dans la bordure d'une
jupe de deux réaux, et les tenir là comme
une rente sur les herbages d'Estramadure?
Si quelqu'un de nos fils, petits-fils ou
parents tombait par disgrâce dans les
mains de la justice, y aurait-il une pro-
tection meilleure à faire valoir, à l'oreille
du juge ou du greffier, que ces écus?
Trois fois, pour trois délits différents, je

me suis vue presque hissée sur l'âne, pour
être fouettée : une fois, une jarre d'argent
me libéra, une seconde fois, un collier de
perles, une autre, quarante réaux *de huit*,
que je troquai pour des cuartos, en donnant vingt réaux de plus pour le change (1).
Vois, nina, que nous exerçons une pro-
fession périlleuse et pleine de pièges et
d'occasions pour trébucher et tomber :
nous n'avons pas de défense plus rapide,
sûre et secourable que les armes invin-
cibles du grand Philippe.

« Avec un doublon à deux faces, on peut
égayer la triste face du procureur et de
tous les officiers de la mort. Les magis-
trats sont les harpies des pauvres gitanes ;
ils mettent plus de prix à nous dépouiller
et à nous écorcher qu'un voleur de grand
chemin. Jamais, pour si déguenillés et
désastreux qu'ils nous voient, ils ne nous
tiennent pour pauvres ; ils disent que nous
sommes comme les vestes des Français de
Belmonte, déguenillés et graisseux, mais
pleines de doublons.

(1) C'est-à-dire que la gitane donna à quelque
magistrat vénal une somme importante pour quelques sous, en feignant de changer de la monnaie.

— Par votre vie! grand'mère, n'en
dites pas plus... vous alléguez tant de
lois pour garder de l'argent, que vous
taririez toutes les lois des empereurs:
gardez celui-ci, et bonne chance. Plaise à
Dieu que vous l'enterriez dans une tombe,
et que jamais il ne revoie la clarté du
soleil, que jamais il ne soit nécessaire de
le déterrer!... Nous serons forcées de
donner quelque chose à nos compagnes,
il y a longtemps qu'elles nous attendent,
et elles doivent commencer à s'impa-
tienter!

— Elles verront cet argent-ci, — répliqua la vieille, — comme elles voient le
Grand-Turc! Ce bon senor, s'il lui reste
quelque monnaie d'argent ou des cuartos,
les répartira entre elles, car peu de chose
les contentera.

— Oui, j'en ai! » dit l'amoureux.

Il tira de sa poche trois réaux de *huit*,
qu'il répartit entre les trois gitanelles, ce
qui les fit plus allègres et satisfaites qu'un
auteur de comédie, en compétition, avec
un autre, lorsqu'on ajoute sur ses affi-
ches : *Vainqueur! vainqueur!*

On demeura d'accord que le jeune

homme reviendrait dans huit jours, et qu'il prendrait, en se faisant bohémien, le nom d'Andrès Caballero : car il y avait parmi eux des gitanos de ce nom.

Andrès, comme nous le nommerons dorénavant, n'osa embrasser Préciosa. Mais, concentrant son âme dans un regard, il retourna à Madrid. Les gitanes, très contentes, y allèrent de leur côté. Préciosa, qui portait déjà quelque intérêt au beau et aimable Andrès, était impatient de savoir s'il était bien ce qu'il avait dit être.

Elles entraient à peine à la ville, lorsqu'elles rencontrèrent le page qui avait remis le poème et la couronne d'or à Préciosa.

« Soyez la bienvenue, Préciosa, — dit-il en l'abordant. — Avez-vous lu mes vers ?

— Avant que je ne vous réponde, vous devez, sur ce que vous aimez le mieux, me dire une chose.

— Sur cette demande, — fit-il, — je ne pourrai refuser de réponse, quel que soit le sujet, dût-il m'en coûter la tête !

— Eh bien ! ce que je désire savoir est ceci : êtes-vous un vrai poète ?

— Si je l'étais vraiment, ce serait par aventure ! — dit le page, — mais vous devez savoir, Préciosa, que le nom de poète est un nom que peu de gens méritent ! Je ne suis pas un poète, mais seulement un amoureux de poésie : cependant je n'emprunte rien à personne. Les vers que je vous ai donnés sont à moi — comme sont encore ceux que je vous remets à présent. Mais je ne suis pas pour cela un poète. — Dieu m'en préserve !

— Est-ce donc une si mauvaise chose d'être poète ?

— Ce n'est pas une mauvaise chose, mais de n'être qu'un poète, et rien autre, je pense que ce n'est pas une bonne chose ! Il faudrait user de la poésie comme d'un riche joyau que son possesseur ne porte pas chaque jour, ni ne montre à tout le monde. La Poésie est une belle vierge, chaste, honnête, discrète, réservée, n'outrepassant jamais les limites de la perfection. Elle aime la solitude. Elle se plaît parmi les fontaines, les prairies, les arbres, les fleurs, et elle réjouit et instruit tous ceux qui sont en accord avec elle.

— J'ai entendu dire, — dit Préciosa, — que, malgré tout cela, elle est fort pauvre.

— C'est plutôt le contraire, — dit le page, — *il n'y a pas de poète qui ne soit riche, car ils sont tous contents de leur condition,* — et c'est là une philosophie que peu de gens comprennent! Mais pourquoi m'avez-vous demandé cela, Préciosa?

— Parce que je crois tous les poètes, ou presque tous, pauvres. Cet écu que vous m'avez donné, enveloppé avec vos vers, m'a causé quelque surprise. Mais maintenant que je sais que vous n'êtes pas un *poète*, mais seulement un amoureux de poésie, je puis croire que vous êtes riche, quoique j'en doute, car votre prodigalité *est* propre à vous ruiner. C'est un proverbe bien connu, que nul poète ne peut garder ni gagner une fortune.

— Cela ne peut s'appliquer à moi, — dit le page. — Je fais des vers, mais je ne suis ni riche ni pauvre, et sans m'en ressentir ni m'en vanter, comme font les Génois, je puis donner un écu, ou même deux, à qui cela me plait. Prends donc, précieuse perle, ce second papier, et ce second écu qu'il contient, sans te troubler si je suis poëte ou non. Je te prie seulement de croire que celui qui te donne ceci voudrait avoir les trésors de Midas pour te les donner.

Préciosa prit le papier et, sentant l'écu qu'il contenait, elle dit :

— Ce papier vivra longtemps, car il a deux âmes en lui, celle de l'écu et celle des vers. Mais veuillez comprendre, seigneur page, que je ne demande pas tant d'âmes et que si vous ne reprenez pas l'une d'elles, je ne prendrai pas l'autre. Je vous aime comme poëte et non comme donateur. Ainsi nous pourrons être plus longtemps amis, car votre provision d'écus s'épuiserait plus vite que vos vers.

— Bien, — dit le page, — puisque vous voulez absolument me croire pauvre, ne rejetez pas l'âme que je vous présente dans ce papier, et rendez-moi l'écu : il a été touché par votre main, et je le garderai comme une relique aussi longtemps que je vivrai. »

Préciosa lui donna l'écu et garda le papier, mais elle ne voulut pas le lire dans

la rue. Le page se retira joyeux, croyant
que le cœur de la jeune fille était touché,
puisqu'elle l'avait traité si aimablement.

Le seul but de Préciosa étant maintenant
de trouver la maison du père d'Andrès;
elle alla droit vers la calle, qu'elle connaissait bien, sans s'arrêter nulle part
pour danser. Vers le milieu de la calle,
elle vit le balcon de fer doré qu'Andrès lui
avait annoncé. Là se tenait un caballero
d'environ cinquante ans, de noble pres-
tance, avec une croix rouge sur la poitrine. Ce gentilhomme, voyant la jeune
fille, l'appela.

« Venez ici, mon enfant et nous vous
donnerons quelque chose. »

Ces paroles firent venir trois autres
gentilhommes sur le balcon, parmi les-
quels l'amoureux Andrès.

Dès l'instant où il fixa ses yeux sur
Préciosa, il changea de couleur et perdit
contenance. Les jeunes filles montèrent
pendant que la vieille demeurait en bas
pour interroger les domestiques sur le
compte d'Andrès. Comme Préciosa entrait
pans la chambre, le vieux caballero disait
aux autres :

« C'est là, sans nul doute, la jolie Jitanilla dont on parle tant à Madrid.

— C'est elle, — dit Andrès, — et elle est incontestablement la plus belle créature qui ait jamais existé.

— Ainsi dit-on, — intervint Préciosa, qui avait entendu ces remarques pendant qu'elle entrait, — mais on doit se tromper de moitié. Je pense que je suis assez jolie, mais aussi belle qu'on le dit, je n'en crois rien.

— Par la vie de don Juanito, mon fils, — dit le vieux caballero, — tu es plus belle que tu ne le crois, ma jolie bohémienne.

— Et qui donc est don Juanito ?... Votre fils ?

— C'est le galant qui est à côté de toi.

— Vraiment, je croyais que votre Seigneurie avait juré par quelque gamin de deux ans, — dit Préciosa. — Quel joli petit don Juanito ! Il est d'âge à ·être marié ; et par certaines lignes de son front, je prévois qu'il sera marié avant trois ans et à son avantage, si dans l'entre-temps il n'est pas perdu ou changé.

Quelqu'un de la compagnie s'écria :

—Ah! ah! la bohémienne peut dire la signification d'une ride! »

Pendant ce temps, les trois jeunes filles qui accompagnaient Préciosa chuchotaient entre elles.

« Filles, — dit Cristina, — c'est là le gentilhomme qui nous a donné trois réaux de huit ce matin.

— Sûrement, — dirent-elles, — mais n'en disons pas une parole, s'il n'en fait pas mention. Peut-être désire-t-il garder le secret. »

Pendant que toutes trois conféraient ainsi, Préciosa répondait à la dernière remarque sur les rides :

« Ce que je vois avec mes yeux, je le sens avec mes doigts. Je sais que le seigneur don Juanito, et sans consulter de lignes, est amoureux, impétueux et impatient. C'est un grand prometteur de choses qui paraissent impossibles. Dieu fasse qu'il ne soit pas un trompeur, ce qui serait le pire de tout. Il est sur le point de faire un grand voyage : mais le cheval croit une chose, et l'homme qui le selle en croit une autre. L'homme propose et Dieu dispose. Il pense peut-être qu'il

va à Onez et il pourra se trouver sur le
chemin de Gaviboa.

— En vérité, Jitanilla, — dit don
Juan, — tu as bien deviné beaucoup de
choses. J'ai l'intention, avec la volonté
de Dieu, de partir pour la Flandre dans
quatre ou cinq jours, quoique vous pré-
disiez que j'aurai à me détourner de ma
route : pourtant j'espère qu'aucun obstacle
ne surviendra.

— N'en dites pas davantage, senorito,
— répondit la bohémienne, — mais
recommandez-vous à Dieu et tout ira
bien. Soyez sûre que je ne sais rien du
tout de ce que j'ai dit : il n'est pas étonnant que je trouve quelquefois le joint à
force de bavarder. Je voudrais parler assez
bien pour vous persuader de ne pas quitter
votre maison et de demeurer tranquille-
ment avec vos parents pour consoler leur
vieillesse. Je ne suis pas partisan de ces
expéditions en Flandre, spécialement pour
un aussi jeune homme que vous : gran-
dissez encore un peu, attendez que vous
soyez plus capable de supporter les fati-
gues de la guerre. D'ailleurs, ne croyez-
vous pas avoir assez de guerre à la mai-

son, avec tous ces amoureux conflits qui ragent dans votre poitrine ? Considérez ce que vous ferez avant de vous marier. Et maintenant faites-nous un petit don pour la grâce de Dieu et pour le nom que vous portez : car, en vérité, je crois que vous êtes bien né. Si avec cela vous êtes loyal et sincère, je chanterai des jubilés, pour avoir trouvé du vrai dans ce que je vous ai raconté.

— Je t'ai dit auparavant, nina, — dit don Juan, qui n'était autre qu'Andrès Caballero, — que tu avais raison en tous points, excepté lorsque tu craignais que je ne fusse pas un homme de parole. La parole que je donne dans les champs, je la remplis à la ville sans jamais attendre qu'on m'en demande l'accomplissement, car personne ne peut estimer un gentilhomme capable du vice de fausseté. Mon père te donnera des étrennes au nom de Dieu et au mien, car j'ai donné ce matin tout ce que j'avais à des dames, desquelles je n'oserais pas m'aventurer à dire qu'elles sont aussi obligeantes que belles, l'une d'elles spécialement. »

En entendant cela, Cristina dit à ses compagnes :

« Puis-je être pendue, filles, s'il n'est pas occupé à parler des trois pièces de huit qu'il nous a données ce matin.

— Non, c'est impossible, — observa l'une d'elles, — car il a dit qu'il y avait trois dames et nous ne sommes pas des dames, et, étant aussi véridique qu'il le dit, il ne voudrait pas mentir en cette circonstance.

— Oh! mais — dit Cristina, — ceci n'est pas un mensonge, car ce ne peut faire de mal à personne. Quoiqu'il en soit, je vois qu'il ne nous donne rien et ne nous demande pas de danser. »

La vieille bohémienne entra en ce moment dans la chambre et dit :

« Hâte-toi, petite fille, car il se fait tard et il y a beaucoup de choses à faire, et encore plus à dire.

— Qu'il y a-t-il, grand'mère ? — demanda Préciosa — Un garçon ou une fille ?

— Un garçon, et très beau. Viens, Préciosa, et tu entendras des merveilles.

— Que Dieu accorde à la mère de ne pas mourir après ses douleurs, — dit la Jitanilla.

— Nous prendrons d'elle tout le soin

possible. Tout s'est bien passé et l'enfant
est d'une parfaite beauté.

— Y a-t-il une dame qui a accouché ?
— demanda le père d'Andrès.

— Oui, seigneur, — répondit la vieille
bohémienne, — mais c'est un tel secret que
personne ne le connaît, excepté Préciosa,
moi-même, et une autre personne. Donc
nous ne pouvons pas dire le nom de la
dame.

— Bon, nous ne demandons pas de le
connaître, — dit un des caballeros présents ;
— mais que Dieu aide la dame qui met son
secret entre vos mains et son honneur à
votre discrétion.

— Nous ne sommes pas toutes mauvaises ! — répondit Préciosa ; — il y en a parmi
nous qui se piquent d'être aussi loyales
et aussi sincères que le plus noble gentilhomme présent dans cette chambre.
Partons, grand'mère, car nous sommes
tenues ici en petite estime, quoique nous
ne soyons ni des voleurs ni des men-
diants.

— Ne sois pas fâchée, Préciosa, — dit le
père d'Andrès, — personne, je présume, ne
peut imaginer du mal de toi, car ta bonne

apparence est une garantie de ta bonne conduite. Fais-moi la faveur de danser quelque peu, toi et tes compagnes ; j'ai ici un doublon à deux faces, dont aucune n'est aussi belle que la tienne, quoique ce soient les deux faces de deux rois. » Lorsque la vieille entendit cela, elle s'écria :

« Allons, fillettes, ajustez vos jupes et faites plaisir à ces gentilshommes. •

Préciosa prit le tambourin et elles dansèrent toutes avec tant de grâce et de légéreté, que les yeux des spectateurs étaient rivés à leurs pas, spécialement les yeux d'Andrès, qui regardait Préciosa comme si toute son âme était concentrée en elle. Mais un accident imprévu tourna son délice en angoisse. Dans l'animation de la danse, Préciosa laissa tomber le papier qui lui avait été donné par le page.

Il fut immédiatement ramassé par le gentilhomme qui n'avait pas bonne opinion des gitanes. Il l'ouvrit et dit :

« Qu'est cela ? Un madrigal ? Bon ! interrompez la danse et écoutez, car pour autant que j'en puis juger par le commencement, il n'est réellement pas mal. »

Préciosa fut ennuyée de ceci, car elle

ne connaissait pas le contenu de ce
papier et elle pria le gentilhomme de ne
pas le lire. Sa demande ne fit que rendre
Andrès plus désireux d'entendre ces
lignes et son ami les lut comme il suit :

» Quand Préciosa frappe du tambourin,
» ses mains blanches éparpillent des perles
» — de ses lèvres roses tombent des fleurs ;
» l'âme est suspendue à ses mouvements,
» et chaque boucle de ses cheveux
» entraîne des milliers d'âmes. L'amour
» a déposé ses flèches à ses pieds... »

« Par Dieu, — s'exclama le lecteur, —
c'est un délicat poète qui a écrit cela.

— Ce n'est pas un poete, senor, —
dit Préciosa, — c'est un page et un très
galant homme.

— Prends garde à ce que tu dis, Préciosa, — repartit l'autre, — car les éloges
que tu décernes au page sont autant de
coups de lance à travers le cœur d'Andrès.
Regarde comme il est pâle, affaissé dans
sa chaise, couvert d'une sueur froide.
N'imagine pas, jeune fille, qu'il t'aime si
légèrement que le moindre dédain de toi
ne l'attriste. Va à lui, par la grâce de
Dieu, et chuchote lui quelques paroles à

l'oreille : elles iront droit à son cœur, et le rappelleront à lui-même. Reçois des madrigaux comme ceux-ci chaque jour, et vois ce qu'il en adviendra. »

C'était comme il le disait : Andrès avait été empoisonné par la jalousie, en entendant ces vers ; il était si défait que son père le remarqua et s'écria :

« Qu'y a-t-il, don Juan ? Vous êtes devenu tout pâle et on dirait que vous allez vous évanouir.

— Attendez un moment — dit Préciosa, — laissez-moi lui dire quelques mots à l'oreille et vous verrez qu'il ne s'évanouira pas. »

Alors s'inclinant vers lui, presque sans bouger ses lèvres, elle chuchota.

« Vous ferez une jolie sorte de Bohémien ! Quoi ! Andrès, comment serez-vous capable d'endurer la torture, si vous êtes abattu par un morceau de papier ? »

Alors, faisant une demi-douzaine de signes de croix sur le cœur du jeune homme, elle le quitta. Andrès respira et dit à ses amis que les paroles de Préciosa lui avaient fait du bien.

Finalement le doublon à double face

fut donné à la jeune gitane. Elle dit à
ses compagnes qu'elle le changerait et
qu'elle le partagerait avec elles.

Le père d'Andrès lui demanda de lui

laisser par écrit les paroles qu'elle avait
dites à son fils, et qu'il souhaitait beaucoup de connaître. Elle dit qu'elle les écri-
rait avec beaucoup de plaisir : quoiqu'elles pussent lui paraître enfantines,
elles étaient souveraines contre les maux de
cœur et les étourdissements. Le père lut :

... Préciosa prit le tam-
bourin...

« Sotte petite tête, garde-toi des glis-
« sades et sois pleine de confiance, écarte
« les vilains soupçons, et si tu fais ainsi,
« tu verras de merveilleuses choses avec
« l'aide de Dieu et de Saint-Christophe
« le géant. »

— Vous n'aurez qu'à dire ces paroes,
— dit Préciosa, — sur toute personne qui
aurait quelque mal à la tête, en faisant
en même temps six signes de croix sur
son cœur, et vous le verrez immédiatement aussi sain qu'une pomme. »

Lorsque la vieille femme entendit ce
charme, elle fut émerveillée de l'habileté
de sa petite fille, et Andrès le fut encore
davantage, quand il s'aperçut que le tout
n'était qu'une invention du rapide esprit
de la Jitanilla.

Préciosa laissa le madrigal entre les
mains du caballero, ne voulant pas le lui
redemander de crainte de chagriner encore Andrès. Car elle savait, sans que
personne le lui eût jamais enseigné, ce
que c'était que de faire sentir à un
amoureux les angoisses de la jalousie

Avant de partir, elle dit à don Juan :

« Chaque jour de la semaine, senor,

est bon pour commencer un voyage.
Aucun n'est néfaste. Hâtez votre départ
autant que vous le pourrez, car il y a
devant vous une libre vie, pleine de satisfactions, si vous voulez bien vous en
accommoder.

— Il me semble qu'une vie de soldat
n'est pas aussi libre que vous le dites, —
répondit Andrès. — C'est une vie de soumission plutôt que de liberté. Néanmoins
je verrai ce que je pourrai faire.

— Vous verrez plus que vous ne pensez, — dit Préciosa, — et que Dieu vous
ait en sa garde et vous conduise au
bonheur comme vous le méritez. »

Cet adieu remplit Andrès de délices :
les bohémiennes partirent non moins
contentes et partagèrent le doublon entre
elles. La vieille femme, comme d'habi-
tude, prit une part double, d'abord par
droit d'ainesse, ensuite parce qu'elle
était la boussole qui les conduisait dans
leurs courses à travers la mer de leurs
danses, de leurs plaisanteries et de leurs
bons tours.

Le jour convenu arriva, et Andrès vint

de grand matin au lieu du rendez-vous,
monté sur une mule de louage et sans
aucun serviteur : il trouva Préciosa et sa
grand'mère l'attendant et fut cordiale-
ment accueilli par elles. Il leur demanda
de le conduire immédiatement au Rancho
avant qu'il fît plein jour, de façon à
n'être pas reconnu si par hasard on le
cherchait.

Les deux gitanes, qui avaient pris la
précaution de venir seules, immédiatement s'en retournèrent et arrivèrent
bientôt avec lui à leurs tentes.

Andrès entra dans l'une d'elles, la plus
grande du Rancho. Il fut aidé par dix ou
douze bohémiens, de beaux gars, jeunes
et bien découplés, à qui la vieille femme
avait annoncé le nouveau camarade :
elle n'avait pas pensé qu'il fût nécessaire
de leur demander le secret, car comme
nous l'avons déjà dit, ils l'observaient
en général avec sagacité, et strictement.
Leurs yeux furent attirés tout de suite
par la mule ; l'un d'eux s'écria :

« Nous la vendrons jeudi à Tolède !

— Pour cela non, — dit Andrès, —
car il n'y a pas une mule de louage à

Madrid, ni en aucune autre ville, qui ne
soit connue de tous les muletiers d'Espagne.

— Par dieu ! senor Andrès, — dit quelqu'un de la bande, — s'il y avait plus de
signes de reconnaissance sur la mule
qu'il y a de signes qui doivent précéder
le jour du jugement, nous la transforme-
rions de telle manière qu'elle ne pourrait
être reconnue de sa propre mère ni de
son propre maître.

— C'est possible, mais il faudra faire
en ceci comme je vous le dis. Cette mule
doit être tuée et enterrée.

— Tuer l'innocente créature, — s'écria
un autre bohémien, — quel péché ! Ne
dites pas cela, bon Andrès. Examinez bien
la bête jusqu'à ce que vous connaissiez
toutes ses marques par cœur, puis laissez-
la-moi, et si dans deux heures vous
pouvez la reconnaître encore, que je sois
bâtonné comme un nègre fugitif.

— J'insiste pour que la mule soit mise
à mort, si sûr que je puisse être de sa
transformation : je craindrai toujours
d'être découvert tant qu'elle ne sera pas
sous terre... Si c'est une question de

profit qui vous occupe, je ne suis pas
assez dénué de sentiments fraternels,
pour ne pas payer mon entrée plus de
quatre fois le prix de la mule.

— Bien, puisque le seigneur Andrès
Caballero le veut ainsi, — dit l'autre bohémien, — que la pauvre créature meure !
quoique Dieu sache combien j'aime peu
cela, car elle est si jeune que sa bouche
n'a pas encore fini de marquer, chose rare
parmi les mules de louage, et elle doit
être bonne marcheuse, elle n'a pas
de cicatrices au flanc ni de marques
d'éperon. »

La mort de la mule fut remise au soir.
Le reste du jour se passa en cérémonies
d'initiation. Les bohémiens nettoyèrent
une des plus belles tentes de leur Rancho,
l'ornèrent de branches et de joncs, et
asseyant Andrès sur le tronc d'un liège,
ils lui mirent un marteau et des tenailles
en mains, et lui firent exécuter deux
sauts au son de deux guitares.

Ils mirent ensuite un de ses bras à nu,
y nouèrent un ruban de soie neuve à
travers lequel ils passèrent un court bâ-
ton et ils le serrèrent doucement, imi-

tant la manière dont on *garrotte* les cri-
minels. Préciosa était présente à tout
cela, ainsi que beaucoup d'autres bohémiennes vieilles et jeunes, dont quelques-
unes contemplaient Andrés avec admiration, d'autres avec amour, et telle était
sa bonne mine que même les hommes se
sentaient enclins à sympathiser avec lui.

Ces cérémonies terminées, un vieux
gitano prit Préciosa par la main, et, la
mettant en face d'Andrès, parla ainsi :

« Cette jeune fille, qui est la fleur et
la crème de toute beauté parmi les bohémiennes d'Espagne, nous te la donnons,
soit pour femme, soit pour maîtresse,
car sur ce point vous pourrez faire ce
qui vous plaira le mieux. Notre vie facile
et libre n'est pas soumise aux scrupules
ou à l'excès de cérémonies. Regarde-la
bien et vois si elle te convient ou
s'il est quelque chose en elle qui te
déplaît. Si oui, choisis parmi les
autres jeunes filles ici présentes, celle
que tu aimeras le mieux, et nous te
la donnerons. Mais sache qu'une fois
ton choix fait, il faudra t'y tenir et
ne plus te mêler des autres femmes,

mariées ou non mariées. Nous observons
formellement la loi de la solidarité. Personne parmi nous ne convoite le bien qui
appartient à un autre. Nous vivons libre-
ment et sans l'amère plaie de la jalousie.
Quoique l'inceste soit fréquent parmi
nous, il n'y a pas d'adultère. Si une
femme ou une maîtresse est infidèle,
nous ne demandons pas aux juges de la
punir. Nous sommes nous-mêmes juges
et exécuteurs de nos femmes et maîtresses. Nous ne faisons pas plus de
façon pour les tuer et les enterrer dans
les montagnes et les déserts, que si
c'était de la vermine. Personne ne les
venge. Aucun parent n'a le droit de nous
demander compte de leur mort. Dans
cette crainte salutaire, nos femmes apprennent à vivre chastes. Quant à nous,
comme je l'ai dit, nous n'éprouvons
aucun malaise sur leur vertu.

« Peu de choses ne sont pas com-
munes à tous, excepté les femmes et les
maîtresses, parmi lesquelles chacun
d'entre nous a le droit d'avoir, seul,
celle que la fortune lui a accordée. Chez
nous le divorce a lieu autant pour raison

de vieillesse que pour raison de mort. Chaque homme, s'il lui plait, quitte une femme trop vieille pour lui et en choisit une autre. Par le moyen de ces lois et de quelques autres, nous sommes arrivés à mener une vie heureuse. Nous sommes les seigneurs des plaines, des champs, des bois, des montagnes, des sources, et des fleuves. Les montagnes nous donnent du fruit pour rien, les vignes des raisins, les potagers des végétaux, les fontaines de l'eau, les rivières du poisson, les bois du gibier. Les rocs nous donnent de l'ombre, les clairières et les vallées de l'air frais et les cavernes un abri.

« Pour nous, les inclémences du temps sont des zéphyrs ; la neige nous rafraîchit ; la pluie est un bain, le tonnerre de la musique et les éclairs sont des torches. Pour nous la terre est un lit de plumes. Le cuir tanné de nos corps est un impénétrable bouclier. Nos membres ne connaissent pas d'obstacles, que ce soient des barres de fer, des tranchées ou des murailles. Notre courage ne peut être abattu par des cordes ni étouffé par l'eau du supplice ni brisé par la roue.

« Entre *oui* et *non* nous ne faisons pas de différence, lorsqu'il nous plait de les confondre. Nous mettons notre orgueil à être martyrs plutôt que confesseurs. Pour nous, les bêtes de travail sont élevées dans les champs, et les poches sont pleines dans les villes.

« Ni l'aigle, ni aucun autre rapace ne s'élancent plus rapides sur la proie qui s'offre à eux, que nous sur les occasions signalées à notre intérêt : enfin, nous avons toutes les habiletés qui nous promettent d'heureux résultats ; c'est ainsi que nous chantons en prison, que nous nous taisons sur le chevalet, que nous travaillons de jour et volons de nuit, — ou plutôt que nous avisons chacun de cacher soigneusement son bien. — Point ne nous tourmente la crainte de perdre l'honneur, ni ne nous excite l'ambition de l'accroître ; nous ne soutenons aucun parti, nous ne nous levons pas matin pour présenter des mémoires, flatter les puissants et solliciter des faveurs. Nos baraques, nos campements mobiles, sont pour nous tels que des lambris dorés et de somptueux palais. Pareils à des tableaux de paysages flamands

sont les paysages que nous offre la nature
en ces rochers élevés, ces pics couverts
de neige, ces vastes prairies, ces bois
épais qui se découvrent à nos yeux à
chaque pas.

« Nous sommes des astronomes rus-
tiques, car, dormant à ciel ouvert, nous
savons à toute heure où nous en sommes,
du jour et de la nuit ; nous voyons l'aurore ternir et chasser les étoiles du ciel,
et, avec sa compagne l'aube, emplir l'air
d'allégresse, rafraîchir les eaux et hu-
mecter les terres, et, tout de suite après
elles, se lever le soleil, *dorant les cimes,*
— comme dit un autre poète — et *frisant
les montagnes.*

« Nous ne craignons pas d'être gelés
lorsque le soleil est absent ou que ses
rayons nous arrivent de biais, ni d'être
brûlés quand ils nous frappent perpendi-
culairement. Nous offrons même visage
au soleil qu'à la gelée, à la stérilité qu'à
l'abondance. Enfin, nous sommes des gens
qui vivons par notre industrie et notre
bec, sans nous préoccuper de l'antique proverbe : « L'Église, la mer, ou le palais du
« roi.» Nous avons ce que nous désirons, car

nous nous contentons de ce que nous avons. Je t'ai dit toutes ces choses, généreux jeune homme, afin que tu n'ignores pas à quelle existence tu es venu, et quelle conduite tu auras à suivre. Je t'en ai peint seulement une ébauche; tu y découvriras avec le temps une infinité d'autres choses, non moins dignes de considération que celles que tu as entendues. »

L'éloquent vieux gitano s'arrêta de parler, et le novice dit qu'il se réjouissait beaucoup d'avoir appris ces louables statuts. Il comptait s'engager sur-le-champ dans un ordre si bien basé sur la raison et sur des règles politiques; il se chagrinait seulement de n'avoir pas connu plus tôt une vie si agréable. Il renonçait dès ce moment à la qualité de gentilhomme, à la vaine gloire de son illustre lignage et il se mettait sous leur joug, ou pour mieux dire, sous les lois qui régissaient leurs vies, puisque, en haute récompense, de son ardeur à les servir, on lui livrait la divine Preciosa, pour laquelle il rejetterait des couronnes et des empires, ou du moins ne les désirerait que pour les lui donner. A quoi Préciosa répondit :

« Puisque ces seigneurs législateurs ont
décidé par leurs lois que je suis tienne et
que, étant tienne, ils m'ont livrée à toi,
moi j'ai décidé par la loi de ma volonté,
qui est la plus forte de toutes, que cela
ne sera pas, sinon aux conditions dont
nous sommes convenus avant que tu ne
vinsses ici. Tu as deux années à vivre en
notre compagnie avant de jouir de la
mienne, afin que tu ne te repentes pas
comme trop impatient, ni moi comme
trop pressée.

« Les conditions rompent la loi ; si tu
gardes soigneusement celles que je t'ai
fait savoir, peut-être serai-je à toi et seras-
tu à moi ; sinon, ta mule n'est pas morte,
tes vêtements sont intacts, et il ne manque pas un ardite à ta fortune, ton absence
n'est pas encore d'un jour, et tu peux te
servir de ce qui t'en reste pour peser ce
qui te convient le mieux. Ces seigneurs
peuvent te donner mon corps, mais non
mon âme, qui est libre, est née libre, et
sera libre tant que je le désirerai. Si tu
restes, je t'estimerai beaucoup ; si tu
t'éloignes, je ne t'aimerai pas moins ; car,

à mon idée, les fougues amoureuses
galopent à brides abattues tant qu'elles
se choppent à la raison ou à la déception.

« Je ne voudrais pas que tu fusses avec
moi ainsi que le chasseur qui, rejoignant
le lièvre qu'il suit, le prend, puis le laisse
pour courir à un autre. Aux yeux trom-
pés, les oripeaux peuvent, à première
vue, sembler de l'or, mais plus tard, les
yeux connaissent bien la différence qu'il y
a du vrai au faux. Cette beauté que tu
dis que je possède, que tu estimes au-
dessus du soleil et que tu apprécies plus
haut que l'or, qui sait si, de près, elle ne
te paraîtra pas obscure, et si tu ne recon-
naîtras pas en l'éprouvant, que c'est un
métal d'alchimiste? Tu auras deux ans
pour peser ce qu'il sera bon de choisir ou
juste de repousser. Le bijou dont, une
fois acquis, on ne peut plus se débarrasser
que par la mort, il est bon qu'on ait
du temps pour le regarder, en voir les
qualités et les défauts.

« Je ne me règle pas sur la barbare et
insolente licence que mes congénères se
sont octroyée de quitter les femmes,
ou de les châtier quand il leur plaît;

comme je pense ne jamais rien faire qui réclame un châtiment, je ne veux pas prendre un compagnon qui me délaisserait à son gré.

— Tu as raison, ô Préciosa, — répondit à ce moment Andrès; — aussi, si tu veux que je rassure tes craintes et que j'éloigne tes soupçons, en jurant que je n'omettrai pas un point des règles que tu m'imposeras, cherche quel serment tu veux que je fasse, ou quelle autre sécurité je puis t'offrir, tu me trouveras disposé à tout.

— Les serments et les promesses que fait le captif pour qu'on lui donne la liberté s'accomplissent rarement, — fit Préciosa; — et ainsi sont, je pense, ceux de l'amant, qui, pour satisfaire son désir, promettra les ailes de Mercure et les foudres de Jupiter, comme me promit certain poète, et même jurera par le fleuve du Styx. Je ne veux pas de serments, senor Andrès, je ne veux pas de promesses, je veux m'en remettre uniquement à l'épreuve du noviciat, et je me réserve le soin de me défendre, quand vous tenterez de m'offenser.

— Soit, — répondit Andrès, — je demanderai seulement une chose à ces seigneurs, mes compagnons: c'est qu'il ne me force pas à rien voler pendant la durée d'un mois au moins, car il me paraît que je serai incapable de vol avant d'avoir reçu de nombreuses leçons.

— Tais-toi, mon fils, — dit le vieux gitano, — nous t'enseignerons de façon que tu deviennes un aigle dans le métier, et quand tu le sauras, ce métier, tu le goûteras jusqu'à t'en manger les doigts de la main. Est-ce un sujet de plaisanterie que de partir à vide le matin et de revenir tout chargé le soir au campement?

— J'ai vu revenir à coups de fouet quelques-uns de ces gens à la poche vide, — répondit Andrès.

— *Les truies ne se prennent pas*, etc... — répliqua le vieux; — toutes les choses de cette vie sont sujettes à des périls divers, et les actes des voleurs le sont des galères, du fouet et de la potence. Mais ce n'est pas parce qu'un navire essuie une tourmente ou s'abime, que les autres doivent renoncer à naviguer. Il serait bon que, la guerre dévorant les hommes et les

chevaux, on cessât d'avoir des soldats. Et
puis, entre nous, celui, qui est fouetté en
justice, porte de pieux insignes sur les
épaules, ce qui me paraît mieux que de
les porter sur la poitrine. La chose est de
ne pas finir ruant en l'air dans la fleur de
sa jeunesse et à son premier délit. Quant
aux mouchetures des épaules ou à l'affaire de bâtonner l'eau sur *les galères*,
nous ne les estimons pas un grain de
cacao. Mon fils Andrès, reposez d'abord
dans le nid, sous nos ailes; en son temps,
nous vous apprendrons à voler et dans
des endroits d'où vous ne reviendrez pas
sans prise. *Ce qui est dit reste dit;* vous
vous lécherez le bout des doigts après
chaque vol.

— Mais en compensation, — dit Andrés, — de ce que j'aurais pu voler dans
le temps qu'on m'accorde de répit, je veux
partager deux cents écus d'or entre tous
ceux du campement. »

A peine eut-il dit cela, qu'il fut saisi
par une foule de gitanos. Ils l'élevèrent
sur leurs bras et sur leurs épaules, le
nommant le glorieux, le grand Andrès et
ajoutant :

« Et vive, vive Préciosa, sa bien-aimée. »
Les gitanes en firent de même avec Préciosa, non sans envie chez Cristina et
les autres gitanilles présentes ; car l'envie
se loge aussi bien dans les campements
des barbares et les cabanes des pasteurs
que dans les palais des princes, et cela
fâche de voir réussir le voisin qui ne
semble pas avoir plus de mérite que soi.

Après cela, on mangea à l'aise, on
répartit en toute équité et justice l'argent
promis, on répéta les louanges d'Andrès,
et la beauté de Préciosa fut portée au
ciel. Vint la nuit ; on assomma la mule
et on l'enterra de façon qu'Andrès fût
sûr de ne pas être découvert par elle. On
enterra aussi les harnais, la selle, la
bride et les sangles suivant l'usage des
Indiens qui enterrent avec eux leurs plus
riches joyaux. De tout ce qu'il avait vu
et entendu, et aussi de l'esprit des gitanos, Andrès resta fort émerveillé.

Il se proposa de suivre et de poursuivre
son projet, sans se mêler à leurs coutumes, ou du moins de s'en défendre par
toutes les voies possibles, avec l'espoir
d'échapper, aux dépens de sa bourse, à la

nécessité de leur obéir dans les choses
injustes.

Le lendemain, Andrès leur demanda
de changer de place et de s'éloigner de
Madrid, parce qu'il craignait d'être reconnu. Ils dirent qu'ils étaient déjà déter-
minés d'aller dans les montagnes de
Tolède, et de courir, d'écumer de là les
contrées voisines.

Donc ils levèrent le camp et donnèrent
à Andrès une ânesse pour la route; mais
il ne l'accepta point, voulant aller à pied
et servir de laquais à Préciosa, qui mon-
tait une autre bourrique; elle, très contente de voir comme elle triomphait de
son galant écuyer, lui, non moins heureux de se voir auprès de celle qu'il avait
élue maitresse de son libre arbitre.

« O force puissante de celui que l'on
nomme le doux dieu de l'amertume — titre
que lui ont donné notre oisiveté et notre
faiblesse — avec quelle ardeur tu nous sub-
jugues, et combien tu nous traites sans
respect! » Andrès est gentilhomme, jeune,
intelligent, élevé presque toute sa vie à
la Cour et dans le confort par ses riches
parents : depuis hier il est tellement

changé qu'il a trompé ses serviteurs et
ses amis, déçu les espérances que ses
parents avaient mises en lui, abandonné
le chemin de Flandre où il devait exercer

sa valeur personnelle, accroître l'honneur
de sa maison, et il est venu se prosterner
aux pieds d'une jeune fille et lui servir de
laquais. Si belle qu'elle soit, enfin c'est
une gitane! Privilège de la beauté, qui
traîne à rebrousse-poil par les cheveux la
volonté la plus indépendante!

Après quatre jours de marche, ils arrivèrent dans un village à deux lieues de
Tolède, où ils dressèrent le camp, non
sans avoir d'abord donné à l'alcade du
pays quelques bijoux d'argent en gage
qu'ils ne voleraient rien, ni là, ni dans tout
le district. Cela fait, toutes les vieilles
gitanes, quelques jeunes et les gitanos se
répandirent par les villages distants au
moins de quatre ou cinq lieues de celui
où ils s'étaient établis. Andrès partit avec
eux pour sa première leçon de vol; mais
bien qu'ils lui en donnassent beaucoup
dans cette campagne, aucune ne lui plut.
Au contraire, d'accord en cela avec son
illustre sang, chaque vol que commet-
taient ses maîtres lui arrachait l'âme, et
souvent il payait de son argent les vols
que ses compagnons avaient commis, tout
ému par les larmes des victimes.

Les gitanos se désespéraient, disant que
c'était contrevenir à leurs statuts et ordon-
nances qui prohibaient l'entrée de la charité
dans leur cœur parce que, une fois
qu'elle serait entrée, il faudrait renoncer au
vol, chose qui ne leur allait en aucune manière. Voyant cela, Andrès dit qu'il voulait

voler par lui-même, sans la compagnie de
personne. Il était assez agile pour fuir
le danger et, pour le braver, son âme
ne faillirait point. Aussi voulait-il à lui
seul le prix ou le châtiment de ses vols.

Les gitanos s'efforcèrent de le dissuader
de cette entreprise, disant qu'il pourrait
se présenter des cas où la compagnie lui
serait nécessaire tant pour attaquer que
pour se défendre, et qu'une personne
seule ne pourrait faire de grandes prises.

Mais ils eurent beau dire, Andrés résolut
d'être voleur seul et pour son compte,
avec l'intention de s'éloigner de la troupe,
d'acquérir à l'aide de son argent quelque
objet qu'il pût dire avoir volé, et, par ce
moyen, de charger le moins possible sa
conscience. Usant de cet artifice, en moins
d'un mois il rapporta à la compagnie plus
de profit que n'en rapportaient quatre des
plus habiles voleurs. Preciosa ne se réjouit
pas peu de voir son tendre amant devenir
un voleur si vif et si parfait. Cependant
elle était toujours craintive de quelque
déboire, car elle n'aurait pas voulu
qu'Andrés fût avili pour tous les trésors de
Venise, tant elle lui était reconnaissante

de sa bonne volonté et des nombreux services et cadeaux qu'il lui prodiguait.

Ils restèrent un peu plus d'un mois dans
le voisinage de Tolède, où ils firent
l'août, bien que ce fut le mois de sep-
tembre, et de là ils entrèrent dans l'Estramadure qui est un pays chaud et riche.
Tout le temps, Andrès avait avec Préciosa
des entretiens honnêtes, discrets et amoureux. Elle, petit à petit, s'éprenait à cause
de la discrétion et des bons traitements
de son amant; et il en était de même
pour lui; car si sa passion eût pu s'accroître, elle se serait accrue tant étaient
grandes l'honnêteté, la réserve et la beauté
de Préciosa. En quelque endroit qu'ils
arrivassent, il enlevait les prix et les
gageures à la course, et il sautait mieux
qu'aucun autre. Il jouait aux boules et à
la paume extraordinairement, jetait la
barre avec une grande force et une sin-
gulière adresse.

Enfin, en peu de temps, sa réputation
vola par toute l'Estramadure, et il n'y
avait pas un village où l'on ne parlàt de
la galante tournure du gitano Andrès Caballero, de sa grâce et de son adresse.

De même courait le bruit de la beauté de
la Jitanilla.

Il n'y avait pas de ville, de village, de
bourg où on ne les appelât pour célébrer
la fête votive de l'endroit ou quelque
autre fête. De cette manière, le campement
devint riche, prospère et content, et les
amants étaient heureux rien que de se voir.

Il arriva cependant qu'ayant établi leur
camp dans un petit bois de chênes, écarté
de la route royale, une nuit, les chiens
aboyèrent avec plus de violence que de
coutume. Quelques gitanos se levèrent,
et Andrès avec eux, pour voir ce qui les
faisait aboyer, et ils trouvèrent, se défen-
dant contre les chiens, un homme vêtu de
blanc, que deux chiens tenaient par une
jambe. Ils coururent, le dégagèrent, et un
des gitanos lui dit :

« Quel diable vous amène par ici, homme,
à cette heure et si loin de la route ?
Venez-vous pour voler, par aventure ?
En vérité, vous seriez arrivé à bon port !

— Je ne suis pas venu pour voler, —
répondit le mordu, — ni ne sais si je suis
ou non loin de la route ; mais je vois bien
que je suis dévoyé. Dites-moi, seigneurs,

y a-t-il par ici quelque auberge ou village
où je pourrais me loger cette nuit et soigner les blessures que vos chiens m'ont
faites ?

— Il n'y a ni village, ni auberge où
nous puissions vous conduire, — répondit
Andrès ; — mais pour soigner vos blessures et vous loger cette nuit, vous ne
manquerez pas de commodités dans nos
baraques. Venez avec nous ; quoique nous
soyons des bohémiens, il n'y paraît pas en
charité.

— Dieu en use pour vous ! — répondit
l'homme, — et conduisez-moi où vous voudrez, car la douleur de cette jambe me
fatigue beaucoup. »

Andrès s'approcha avec un autre gitano
charitable — car même parmi les démons, il
en est de pires les uns que les autres, et
parmi de méchants hommes souvent il
s'en trouve un bon — et, à deux, ils le por-
tèrent. La nuit était éclairée par la lune,
de manière qu'ils purent voir que l'homme
était jeune, de belle figure et de belle
taille. Il était tout vêtu de toile blanche.
En travers des épaules, et lui ceignant
la poitrine, il portait une sorte de che-

mise ou de sac de toile. Ils arrivèrent à
la tente d'Andrès et y allumèrent promptement de la lumière et du feu. L'aïeule de
Préciosa accourut soigner le blessé dont
on lui avait mandé l'accident.

Elle prit quelques poils de chien, les
fit frire dans l'huile et, après avoir lavé
d'abord avec du vin les deux morsures
que l'homme avait à la jambe gauche, elle
y étendit les poils avec l'huile et, dessus,
un peu de romarin bien mâché. Elle
banda cette emplâtre avec du linge propre, et fit le signe de la croix sur les
blessures en disant :

« Dormez, mon ami, et, avec l'aide de
Dieu, cela ne sera rien. »

Pendant qu'on soignait le blessé, Préciosa était présente, et le regardait attentivement. Lui faisait de même pour elle,
si bien qu'Andrès ne manqua pas d'obser-
ver l'attention avec laquelle le jeune
homme la regardait ; mais il l'attribua à la
grande beauté de Préciosa, qui attirait tous
les yeux.

Dès qu'on eut fini de panser le jeune
homme, on le laissa seul sur un lit de foin
sec, et, pour le moment, on ne voulut rien

lui demander sur son voyage ni sur toute
autre chose.

A peine l'avait-on quitté, que Préciosa,
appelant Andrès à part, lui dit :

« Te souviens-tu, Andrès, d'un papier
qui m'échappa dans ta maison quand j'y
dansais avec mes compagnes, un papier
qui, je crois, t'a donné un bien mauvais
moment.

— Oui, je me souviens, — répondit
Andrès, — c'était un sonnet en ta louange
et pas mauvais.

— Alors, sache, Andrès, — répliqua
Préciosa, — que celui qui fit ce sonnet est
le jeune mordu que nous avons laissé
dans la cabane, et je ne me trompe en
aucune manière, car il m'a parlé à Madrid
deux ou trois fois, et même il m'a donné
une très jolie ballade. Il me parut alors
un page, mais non un page ordinaire;
plutôt de ceux que favorise un prince. Et
je te dis, en vérité, Andrès, que ce jeune
homme est discret et bien élevé, et surtout
fort honnête. Je ne sais ce qu'on peut
imaginer sur son arrivée ici et en un tel
déguisement.

— Que peux-tu imaginer, Préciosa, —

répondit Andrès; — rien, sinon que la
même force qui m'a fait gitano, le rend
semblable à un meunier, et le fait venir
à ta recherche. Ah! Préciosa, Préciosa,
comme on découvre que tu veux pouvoir
te vanter de tenir plus d'un vaincu. S'il
en est ainsi, sacrifie-moi d'abord et tue
l'autre ensuite, mais ne nous sacrifie pas
tous deux ensemble sur l'autel de ta perfidie, pour ne pas dire de ta beauté.

— Dieu me garde! Que tu es sensible,
Andrès, et que tu as attaché tes espérances
et ta confiance en moi à un mince fil, puisque
la dure épée de la jalousie t'a si facilement
pénétré l'âme. Dis-moi, Andrès, s'il y
avait en ceci quelque artifice ou perfidie,
ne pourrais-je me taire et cacher quel est
ce jeune homme? Suis-je donc une sotte
pour risquer de te donner l'occasion de
mettre en doute ma sincérité et mon bon
vouloir? Tais-toi, Andrès, par ta vie, et
demain, efforce-toi de tirer du cœur de
celui qui te porte ombrage, la cause de
sa venue ici et l'endroit où il se rend.
Peut-être verras-tu que tu t'es trompé
dans tes soupçons, et que ce jeune
homme n'est pas celui que j'ai dit. Mais

pour ta plus grande satisfaction, puisque
me voilà arrivée à ce point de vouloir te
satisfaire, dans quelque intention que ce
jeune homme soit venu, expédie-le au
plus tôt, oblige-le à s'en aller. Tous ceux
de notre peuplade t'obéissent, et il n'y en
a pas un qui voudra le loger dans sa
hutte contre ta volonté. S'il n'en était pas
ainsi, je te donne ma parole de ne pas sortir
de chez moi et de ne jamais me laisser
voir ni à ses yeux, ni aux yeux de tous
ceux que tu ne voudras pas qui me
voient.

Et se posant devant lui, elle dit :

— Regarde, Andrès, il ne me pèse pas
de te voir jaloux, mais il me pèserait
beaucoup de te voir incrédule.

— Si tu ne me vois fou, Préciosa,
quelle autre démonstration sera assez
forte pour te faire comprendre les
souffrances de la jalousie et jusqu'où va
son amère et dure prévention? Mais,
quoiqu'il en soit, je ferai ce que tu me
demandes, et je saurai, s'il est possible,
ce que veut ce senor page poète, où
il se rend, ce qu'il cherche. Peut-être,
par quelque fil, et sans me montrer,

déviderai-je toute la pelote dont il vient me garrotter.

— Jamais la jalousie, à ce que j'imagine, — dit Préciosa — ne laisse l'entendement assez libre pour qu'on puisse juger les choses telles qu'elles sont. Toujours les jaloux regardent avec des lunettes d'approche qui de petites choses font des grandes, de nains font des géants, et des soupçons la vérité. Par ta vie et par la mienne, Andrès, procède en ceci et en tout ce qui regarde nos arrangements avec sagesse et discrétion. Si tu fais ainsi, je sais que tu auras à me concéder la palme de l'honnêteté, de la réserve et de la sincérité. »

Là-dessus elle s'éloigna, et il attendit le jour pour recevoir la confession du blessé, l'âme pleine de trouble et de mille imaginations contradictoires. Il ne savait que supposer, sinon que le page avait été attiré par la beauté de Préciosa ; car un voleur croit tout le monde de son métier. D'autre part les satisfactions que Préciosa lui avait données lui paraissaient si fortes qu'elles l'obligeaient à la sécurité, qu'elles le contraignaient à remettre toute sa fortune entre les mains de sa maîtresse.

Le jour arriva — et il avait paru plus tardif que les autres fois, — Andrès alla visiter le mordu et lui demanda comment il se nommait, où il allait, pourquoi il voyageait si tard et si loin du grand chemin, après cependant s'être informé d'abord de sa santé et de l'état de ses morsures.

Le jeune homme répondit qu'il allait mieux, qu'il n'éprouvait aucune douleur, si bien qu'il pourrait tout de suite se remettre en route. Pour ce qui fut de dire son nom et où il allait, il ne répondit rien, sinon qu'il se nommait Alonzo Hurtado, qu'il allait à Notre-Dame de la Roche de France pour une certaine affaire et que s'il marchait de nuit c'était pour arriver plus tôt. La veille il avait perdu son chemin ; il avait donné par hasard dans le campement, et les chiens de garde l'avaient mis dans l'état où on l'avait trouvé.

Cette déclaration parut peu franche à Andrès, sinon très fausse. De nouveau les soupçons revinrent lui chatouiller l'âme, et il dit :

« Frère, si j'étais juge et que vous fussiez tombé sous ma juridiction pour quelque délit qui m'obligeât à vous faire les questions que je vous ai posées, la réponse que vous m'avez donnée exigerait qu'on serrât les cordes. Je ne veux pas savoir qui vous êtes, comment vous vous nommez, ni où vous allez ; mais je vous avertis que, s'il vous convient de mentir sur votre voyage, il vous faut mentir avec plus d'apparence de vérité. Vous dites que vous allez à la Roche de France, et vous la laissez à main droite, à plus de trente lieues en arrière de ce pays-ci. Vous voyagez de nuit pour arriver vite, et vous marchez loin de la grand'route dans des bois et des chênaies où se trouve à peine un sentier, encore moins un chemin. Mon ami, levez-vous, apprenez à mentir et allez en paix ; mais pour le bon avis que je vous donne, ne me direz-vous pas la vérité ? Que si, vous la direz, puisque vous savez si mal mentir. Dites-moi, seriez-vous par aventure celui que j'ai vu souvent à la Cour parmi des pages et des gentilhommes, et qui avait la réputation d'être grand poète, — celui

qui a fait une ballade et un sonnet pour
une gitanille, laquelle, ces jours derniers,
courait Madrid et était tenue pour singu-
lièrement belle ? Dites-le-moi : je vous
promets par la foi de gitano gentilhomme
d'en garder tout le secret aussi bien qu'il
vous conviendra. Considérez que de nier
cette vérité que vous n'êtes pas qui vous
dites, il n'y a pas moyen. Ce visage que
je vois est le même que j'ai vu à Madrid,
sans aucun doute, car la grande réputation de votre esprit me fit souvent vous
regarder comme un homme rare et insigne. Aussi votre figure m'est restée si
bien marquée dans la mémoire, que je
vous ai tout de suite reconnu à votre
arrivée, bien que vous soyez maintenant
dans un costume différent de celui où je
vous voyais alors.

« Ne vous inquiétez pas, prenez courage et ne pensez pas que vous êtes
dans un repaire de voleurs, mais plutôt
dans un asile où l'on saura vous garder
et vous défendre contre tout le monde.
Écoutez, j'imagine une chose et, si c'est
comme je l'imagine, vous avez ren-
contré votre bonne fortune en me ren-

contrant. J'imagine donc que, amoureux de Préciosa — la belle gitane à qui vous avez fait des vers — vous êtes venu à sa recherche, et je ne vous estime pas moins pour cela, mais plutôt davantage. Quoique gitano, l'expérience m'a montré jusqu'où s'étend la force invincible de l'amour et les transformations qu'il fait faire à ceux qu'il prend sous sa juridiction et son pouvoir. S'il en est ainsi, la gitane est ici.

— Oui, elle y est, car je la vis hier soir, — dit le mordu.

Sur ce propos, Andrès resta comme mort, persuadé qu'il avait enfin reçu confirmation de ses soupçons.

— Je l'ai vue hier soir, — poursuivit le jeune homme ; — mais je n'ai pas voulu lui dire qui j'étais parce que cela ne me convenait point.

— De sorte, — fit Andrès, — que vous êtes bien le poète que j'ai dit.

— Je le suis, — répliqua le jeune homme, — je ne puis ni ne veux le nier. Peut-être s'est-il fait qu'où j'ai cru me perdre, je sois venu me sauver, s'il y a de la bonne foi dans les forêts et de l'hospitalité dans les montagnes.

— Il y en a sans doute, — répondit Andrès, — et, entre nous gitanos, la plus grande discrétion du monde. Dans cette confiance, seigneur, découvrez-moi votre cœur, car vous ne trouverez dans le mien autre chose que vérité, sans duplicité aucune. La gitane est ma parente, et, de plus, contrainte à m'obéir dans tout ce que j'exige d'elle. Si vous la désirez pour épouse, moi et tous ses parents nous le goûterons fort et nous vous la donnerons volontiers. Si vous la désirez pour maîtresse, nous n'userons d'aucune grimace pourvu que vous fournissiez de l'argent, car la cupidité n'abandonne jamais nos campements.

—J'emporte de l'argent, — répondit le jeune homme, — et il est dans ces manches de chemises que je porte en ceinture autour du corps : quatre cents écus d'or. »

Ce fut un autre coup mortel que reçut Andrès, car pourquoi emporter tant d'argent, sinon pour conquérir ou acheter son bijou; et d'une voix déjà troublée, il dit :

« C'est une bonne somme, vous n'avez qu'à vous découvrir et à mettre la main

à l'œuvre. La petite fille qui n'est pas
sotte verra bien comme il lui est avantageux d'être à vous.

— Ah! mon ami, — s'écria sur ce propos
le jeune homme, — je veux que vous appre-
niez la cause qui m'a fait changer de costume. Ce n'est pas l'amour que vous dites,
ni le désir de Préciosa. Madrid contient
assez de beautés qui peuvent et qui
savent dérober les cœurs et réduire les
âmes aussi bien que les plus belles gitanes, quoique je confesse que la beauté de
votre parente a l'avantage sur toutes les
beautés que j'ai vues. Cependant ce qui
me met en ce déguisement, à pied et
mordu par des chiens, ce n'est pas l'amour,
mais ma mauvaise fortune. »

Avec les paroles du jeune homme, Andrès
allait recouvrant ses esprits perdus, car il
lui parut que ces paroles marchaient à un
autre but que celui qu'il avait imaginé,
et, désireux de sortir de confusion, il en
revint à convaincre l'autre de la sécurité
avec laquelle il pouvait se découvrir;
aussi le jeune homme poursuivit-il :

« J'étais à Madrid dans la maison d'un
titulaire que je servais, non comme un

seigneur, mais comme un parent. Ce
titulaire avait un fils, son unique héri-
tier, lequel, à cause de la parenté et
parce que nous avions le même âge et le
même caractère, me traitait avec grande
familiarité et amitié. Il advint que ce
caballero s'énamoura d'une demoiselle
de qualité. Il l'eût volontiers choisi pour
être son épouse, s'il n'avait, en bon fils,
soumis sa volonté à celle de son père,
qui aspirait à le marier plus magnifique-
ment. Mais, cependant, il la servait à
l'insu de tous ceux dont la langue aurait
pu nuire à la réputation de sa bien-aimée.
Seuls mes yeux étaient témoins de ses
intentions. Une nuit que la mauvaise
chance devait avoir choisie pour la chose
que je vais vous dire, comme nous pas-
sions à deux dans la rue, devant la porte
de cette senora, nous vîmes, appuyés à
cette porte, deux hommes qui paraissaient
de bonne mine. Mon parent voulut les reconnaître, mais, à peine avait-il marché vers
eux, qu'ils mirent promptement la main
à leur épée et à leur bouclier et se jetèrent
sur nous qui fîmes de même. Nous nous
rencontrâmes à armes égales. La querelle

dura peu, parce que nos adversaires ne
restèrent pas longtemps en vie. De deux
coups d'estoc que guidèrent la jalousie
de mon parent et l'aide que je lui donnai,
ils périrent — cas étrange, et peu vu.

« Triomphants, mais autrement que nous
n'aurions voulu, nous retournâmes à la
maison et, prenant secrètement tout l'argent que nous pûmes, nous nous enfuîmes
à San-Géromino, attendant le jour où se
découvrirait l'événement, où s'établiraient
les présomptions quant aux meurtriers.
Nous sûmes que l'on n'avait aucun indice,
et nous écoutâmes les prudents religieux
qui nous engageaient à retourner à la
maison pour ne pas éveiller de soupçon
par notre absence. Nous étions tout déter-
minés à suivre leur avis, lorsque nous
apprîmes que les seigneurs alcades de la
Cour avaient arrêté dans leur maison les
parents de la demoiselle, et même la
demoiselle. Parmi les serviteurs qu'on
avait interrogés, une servante de la senora
avait dit que mon parent faisait la cour à
sa maîtresse, de nuit et de jour et, sur ce
témoignage, on était accouru pour nous
chercher. Ne nous trouvant pas, mais

découvrant au contraire beaucoup de
preuves de notre fuite, il se confirma par
toute la Cour que nous étions les meurtriers de ces deux gentilshommes — car ils
étaient gentilshommes et d'un haut rang.—
Enfin, suivant l'avis du comte, mon parent, et celui des religieux, après quinze
jours que nous fûmes cachés dans le mo-
nastère, mon camarade en habit de moine
s'enfuit, par la route d'Aragon, avec un
autre moine dans l'intention de passer en
Italie, et de là en Flandre, pour y attendre le résultat de l'affaire.

« Je voulus diviser les chances afin que
nos sorts ne courussent pas les mêmes
risques. Je suivis un chemin différent du
sien. Je partis à pied en habit de novice
avec un religieux qui me laissa à Talavera.
De là je suis venu seul jusqu'ici, fuyant
le grand chemin. La nuit d'hier, j'arrivai
dans cette chênaie où il m'est advenu ce
que vous avez vu. Si j'ai demandé le
chemin de la Roche de France, c'était pour
répondre quelque chose à ce que vous me
demandiez, car, en vérité, je ne sais rien
de la Roche de France, si ce n'est qu'elle
se trouve bien au delà de Salamanque.

— C'est vrai, — répondit Andrès, — et vous la laissez à main droite à près de vingt lieues d'ici. Voyez comme vous suiviez le chemin direct.

— Le chemin que je pensais suivre, — répliqua le jeune homme, — n'est autre que celui de Séville où je vais chercher un gentilhomme gênois, grand ami du comte mon parent, qui souvent envoie à Gênes de grandes quantités d'argent brut, et j'ai dessein qu'il m'emploie avec les hommes qu'il a coutume d'employer comme si j'étais l'un d'entre eux. A l'aide de ce stratagème, je pourrai sûrement passer à Carthagène et, de là, gagner l'Italie ; car deux galères doivent venir bientôt embarquer de l'argent. C'est là, mon bon ami, mon histoire ; voyez si je ne puis dire qu'elle est plutôt sortie de pure infortune, que d'amour à l'eau. Mais si ces seigneurs les gitanos voulaient me mener en leur compagnie jusqu'à Séville s'ils y vont, je les en payerais très bien. Car vous me donnez à entendre que j'irai plus sûrement en leur compagnie, sans la crainte que j'emporte partout avec moi

— Oui, ils vous conduiront, — répondit

Andrès, — et si ce n'est notre bande — car jusqu'à présent je ne sais si elle va en Andalousie, — ce sera une autre que nous rencontrerons peut-être dans deux ou trois jours. Et, en leur donnant un peu de ce que vous emportez, vous en tirerez aisément des choses plus difficiles. »

Et le laissant, Andrès alla rapporter à tous les gitanos ce que le jeune homme avait raconté et ce qu'il désirait, ainsi que l'offre faite par lui d'un bon payement en récompense. Tous furent d'accord qu'il restât dans la bande ; seule Préciosa dit le contraire, et l'aïeule expliqua qu'elle ne pouvait aller à Séville ni dans les environs, parce que l'année d'avant elle avait, à Séville, joué un tour à un bonnetier très connu, nommé Triguillos. Elle l'avait fait se mettre jusqu'au cou en une grande cuve d'eau, tout nu, avec, sur la tête, une couronne de cyprès, attendant l'heure de minuit pour sortir de la cuve, creuser le sol et découvrir un grand trésor qu'elle lui avait fait accroire être enfoui en un endroit de sa maison :

« Dès que le bon bonnetier entendit sonner matines, pour ne pas perdre la

conjoncture il se pressa tant de sortir de
la cuve, qu'elle se renversa avec lui sur
le sol et qu'il se meurtrit et s'écorcha ;
puis, dans l'eau répandue, il resta nager,
criant qu'il se noyait. A l'instant accou-
rurent sa femme et ses voisins avec
des lumières. Ils le trouvèrent faisant
tous les gestes d'un nageur, soufflant et
se trainant le ventre à terre, se démenant
des bras et des jambes avec beaucoup de
précipitation, criant à toute voix : « Au
secours, seigneurs, je me noie. » La peur
le tenait si bien que vraiment il pensait se noyer. On le saisit, on le sau-
va du péril. Il revint à lui, conta la farce
de la bohémienne, et, tout de même,
creusa dans la partie désignée plus d'une
toise en profondeur, en dépit de tout le
monde qui assurait que c'était un mauvais tour. S'il ne s'était pas trouvé là
pour l'empêcher un voisin de la maison
duquel il attaquait déjà les fondements,
il aurait creusé aussi longtemps qu'il aurait
pu. L'histoire fut connue par toute la ville
et, jusqu'aux petits enfants, tous mon-
traient l'homme du doigt, rappelant sa
crédulité et mon mauvais tour. »

Voilà l'histoire que raconta la vieille
gitane pour s'excuser de ne pas aller à
Séville. Les gitanos, qui savaient par
Andrès Caballero que le jeune homme
emportait de l'argent en quantité, l'ac-
cueillirent facilement dans leur compagnie
et lui offrirent de le garder et de le couvrir le temps qu'il voudrait. Ils déci-
dèrent de tourner leur marche à main
gauche, d'entrer dans la Manche et dans
le royaume de Murcie. Ils dirent au jeune
homme tout ce qu'ils pensaient faire pour
lui. Il leur rendit grâce et donna cent
écus d'or à répartir. A l'aide de ce présent ils devinrent plus souples que des
fourrures de martres.

Seule Préciosa ne fut pas très contente
du séjour de don Sancho, — c'est ainsi que
le jeune homme disait se nommer —, mais
les gitanos changèrent ce nom en celui
de Clément. Andrès, lui non plus, ne fut
pas bien satisfait de voir rester Clément,
et il s'accusait d'avoir abandonné son premier dessein avec assez peu de raison. Mais
Clément, comme s'il eût lu dans sa pensée, lui dit entre autres choses qu'il se
réjouissait d'aller dans le royaume de

Murcie pour être plus près de Carthagène,
d'où, s'il venait des galères, comme il
l'espérait, il pourrait avec facilité passer
en Italie.

Enfin pour le tenir mieux sous ses
yeux, surveiller ses actions et scruter ses
pensées, Andrès voulut que Clément
devint son camarade, et Clément prit cette
amitié pour une grande faveur.

Ils marchaient toujours ensemble, dépen-
saient largement, faisaient pleuvoir les
écus, couraient, sautaient, dansaient et
jetaient la barre mieux que n'importe quel
gitano. Ils étaient aimés des gitanes plus
que moyennement, et respectés des gitanos à l'extrême.

Quittant bientôt l'Estramadure, ils entrèrent dans la Manche, et peu à peu ils
furent au chemin du royaume de Murcie.
Dans tous les bourgs et les villages où ils
passaient, ils eurent des défis au jeu de
paume, à l'escrime, à la course, au saut,
au jet de la barre et aux autres exercices
de force, d'adresse ou d'agilité et, de tous,
Andrès et Clément sortaient vainqueurs,
comme jadis Andrès seul.

En tout ce temps, qui fut de plus d'un

14

mois et demi, Clément ne trouva et ne
chercha jamais l'occasion de parler à Préciosa. Mais un jour, Andrès et elle causant
ensemble, il entra dans la conversation
parce qu'ils l'en prièrent, et Préciosa lui
dit :

« Dès le premier moment de ton arrivée dans notre tribu, je t'ai reconnu, Clément, et les vers que tu m'as donnés à
Madrid me sont revenus en mémoire. Je
n'ai rien voulu dire, parce que je ne savais
pas dans quelle intention tu venais à notre
campement, et quand je le sus, ton infortune me chagrina dans l'âme, et mon
cœur qui s'était alarmé se calma. Et j'ai
pensé que puisqu'il y avait en ce monde
des don Juan déguisés en Andrès, il pouvait y avoir aussi des don Sancho qui se
déguisaient en d'autres personnages. J'en
parle, parce qu'Andrès m'a dit qu'il t'avait
confié qui il était et dans quel but il s'est
fait gitano, — c'était la vérité, Andrès lui
avait fait connaître son histoire pour pouvoir lui communiquer toutes ses pensées. —
Ne pense pas qu'il te fut de peu de profit d'être reconnu par moi, car, par respect
pour moi et pour ce que j'ai dit de toi, on

t'accueillit facilement et on t'admit dans
notre compagnie, où il plaise à Dieu qu'il
t'advienne tout le bien que tu désires. Ce
bon souhait je veux que tu me le paies en
ne reprochant pas à Andrès la bassesse de
son but, en ne lui peignant pas combien il
fait mal de persévérer dans sa résolution.
Encore que j'imagine que sa volonté est
sous le cadenas de la mienne, toutefois
il m'affligerait de le voir donner des
marques, si minimes fussent-elles, de
repentir.

A quoi Clément répondit :

— Ne crois pas, Préciosa unique, que
don Juan se découvrit par légèreté d'âme ;
je le reconnus d'abord, et d'abord son
but m'apparut. Je lui dis qui il était, et
je devinai l'emprisonnement de sa volonté
que tu signales. Et lui, me donnant le
crédit qu'il était juste de me donner, me
confia son secret. Il est témoin que
j'ai approuvé sa résolution et le but
qu'il a choisi. Je ne suis pas, ô Préciosa,
de si courte intelligence que je ne sache
jusqu'où s'étendent les forces de la beauté ;
et la tienne, en dépassant les limites les
plus extrêmes de la grâce, est une

excuse pour de plus grandes erreurs, si l'on doit nommer erreurs celles qui se font pour de si puissantes causes. Je te sais grâce pour ce que tu as dit en ma faveur, et je pense le payer par le désir que cette intrigue amoureuse donne une heureuse fin, et que tu jouisses de ton Andrès et Andrès de sa Préciosa, d'accord avec ses parents, afin que, de tant de beautés join- tes, ils viennent au monde les plus beaux rejetons que puisse former la bienveillante nature. C'est ce que je désire, Préciosa, c'est ce que je dirai toujours à ton Andrès, et rien d'autre qui le dissuade de ses sentiments bien placés. »

Clément dit ces choses avec tant d'ar- deur, que le doute vint à Andrès s'il les avait dites en amoureux ou en comédien ; car l'infernale infirmité de la jalousie est si sensible et faite de telle sorte, qu'elle s'insinue avec les atomes de la lumière, et qu'il suffit qu'un de ces atomes touche à l'objet aimé, pour que l'amant se chagrine et se désespère.

La jalousie d'Andrès ne fut pas confir- mée. D'ailleurs, il se confia plus à la bon- té de Préciosa qu'à sa propre fortune.

Mais toujours les amants se tiennent pour malheureux tant qu'ils n'obtiennent pas ce qu'ils désirent.

Enfin Andrès et Clément furent camarades et même grands amis, surtout par la bonne volonté de Clément, et par la réserve, la prudence de Préciosa qui jamais ne donnait occasion à Andrès de se montrer jaloux.

Clément s'y connaissait en poésie, comme il l'avait montré dans les vers qu'il donna à Préciosa, Andrès se piquait de la connaître un peu, et tous deux aimaient la musique. Or, il arriva que le campement se trouvant en une vallée, à quatre lieues de Murcie, une nuit, assis tous deux, Andrès au pied d'un liége et Clément au pied d'un chêne, chacun avec une guitare, conviant le silence de la nuit, Andrès commençant et Clément répondant, ils chantèrent ces vers :

ANDRÈS

Regarde, Clément, le voile étoilé
Qui fait que la froide nuit
Lutte avec le jour,

De belles lumières ornant le ciel ;
Et, cette comparaison,
Ton divin esprit comprend-il
A quel visage elle s'applique
Où réside la suprême beauté.

CLÉMENT

Où réside la suprême beauté,
Et où la précieuse,
La belle honnêteté
Avec toute la suprême bonté se purifie,
Contenues dans un seul objet,
Que nulle intelligence humaine ne peut louer
A moins de toucher au divin,
Au haut, rare, grave et sublime.

ANDRÈS

Haut, rare, grave, sublime,
N'est pas le style qui convient ;
Au ciel je l'élève
Pour douce au monde et sans égale.
Ton nom, oh ! gitanille.
Cause la surprise, l'étonnement, l'émerveille-
Je choisis la renommée.   [ment
Qui l'élèvera jusqu'à la huitième sphère.

CLÉMENT

Qui l'élévera jusqu'à la huitième sphère
Est décent et juste.
Et le ciel sera dans la joie
Lorsqu'il entendra le bruit de son nom ;
Et sur la terre il y aura,
Quand le doux nom y résonnera,
De la musique dans les oreilles,
De la paix dans les cœurs, de la gloire dans
[les sens.

ANDRÈS

La paix dans les cœurs, la gloire dans les sens
Se sentent quand chante
La sirène qui charme
Et endort les mieux avertis ;
Oui, telle est ma Préciosa
Que la moindre chose d'elle est belle.
Mon doux régal,
La couronne de la grâce, l'honneur de la vertu !

CLÉMENT

La couronne de la grâce, l'honneur de la vertu !
Tu es, belle gitane :

Fraîcheur du matin,
Tendre zéphir dans l'ardent été.
Rayon avec lequel l'amour aveugle
Fait fondre le cœur plus que la neige au feu.
Force qui ainsi soit faite
Que doucement elle apaise et assouvisse.

Il ne paraissait pas qu'ils eussent achevé de sitôt leur duo, si n'avait retenti derrière leurs épaules la voix de Préciosa qui avait tout entendu. Tendant les oreilles, sans plus bouger, prêtant une merveilleuse attention, ils écoutèrent. Elle, — je ne sais si elle improvisa ou si les vers avaient été composés en un autre temps — avec une grâce extrême, comme si elle fut venue pour répondre, chanta ce qui suit :

En cette entreprise amoureuse,
Que l'amour soutient,
Pour trouver meilleure fortune
Je serai aussi honnête que belle.
Celle qui n'est qu'une humble plante,
Si elle se redresse subitement,
Par ta grâce, ô nature,

Au ciel s'élève.
Au vil cuivre que je suis
L'honnêteté donne son éclat,
Je n'ai nul désir qui ne soit satisfait.
Nulle richesse qui ne m'appartienne,
Nul ne me cause de chagrin,
Ni ne me chérit, ni ne m'estime :
Aussi je pense à édifier
Mon propre sort et bonne fortune.
Je veux que ce qui est en moi
Soit pour que je me conduise bien,
Et je veux que le ciel détermine
Ce que je choisirai ensuite.
Je veux voir si la beauté
Tient de telles prérogatives
Qu'elle m'élève assez haut
Pour aspirer à une grande altesse.
Si les âmes sont égales,
Il se peut que celle d'un laboureur
Soit égale en valeur
A des âmes impériales.
De la mienne ce que je sens
Me transporte à un rang élevé :
Pourquoi majesté et amour
N'auraient-ils pas un même trône ?

Ici Préciosa finit de chanter et Andrès

avec Clément se levèrent pour lui faire
accueil. Puis ils restèrent à causer discrè-
tement à trois. Préciosa leur découvrit
dans cet entretien sa délicatesse, son honnêteté et sa pénétration, de telle manière
que Clément comprit et excusa la conduite
d'Andrès ; car jusque-là il ne l'avait pas
approuvée, jugeant que c'était plutôt
ardeur de jeunesse que courageuse et sage
résolution.

Le lendemain matin on leva le camp et
l'on fut se loger en un village de la juridiction de Murcie, à trois lieues de la
ville, où il arriva à Andrès une mésaventure
qui le mit sur le point de perdre la vie.
Après que les Bohémiens eurent donné
quelques vases et bijoux d'argent en gage,
comme de coutume, Préciosa, son aïeule,
Cristina, d'autres gitanilles, et Clément
avec Andrès furent logés dans l'auberge
d'une veuve riche, qui avait une fille âgée
de dix-sept à dix-huit ans, plus délurée que
belle et qui — pour mieux la désigner — se
nommait Juana Carducha. Ayant vu danser les gitanes et les gitanos, le diable la
posséda, et elle s'éprit d'Andrès avec tant
de ferveur qu'elle se proposa de le lui dire

et de le prendre pour mari s'il le voulait
bien, quand même cela devrait déplaire à
tous ses parents. Elle chercha donc une
occasion de lui parler et la trouva dans
une cour où Andrès était venu pour prendre soin de deux ânes. Allant à lui, en
hâte, pour ne pas être vue, elle lui dit :

« Andrès — car déjà elle savait son nom,
— je suis demoiselle et riche. Ma mère n'a
pas d'autre enfant que moi ; cette auberge
est à elle, et, avec cela, elle possède encore
beaucoup de vignobles et deux autres pai-
res de maison. Tu m'as paru bien ; si tu
me veux pour épouse, je suis à toi, réponds-
moi. Si tu es habile, tu resteras et tu verras quelle vie nous mènerons. »

Andrès resta fort surpris de la résolution
de la Carducha, et avec la promptitude
qu'elle réclamait, il répondit :

« Senorita, je suis déjà engagé pour
le mariage, et les gitanos ne se
marient qu'avec des gitanes. Dieu vous
garde pour la grâce que me voulez faire,
et dont je ne suis pas digne. »

La Carducha fut à deux doigts de tomber morte à la dure réponse d'Andrès. Elle
aurait répliqué, si elle n'avait vu entrer

dans la cour d'autres gitanes. Elle partit,
confuse et fâchée, avec grande envie de .
se venger si elle le pouvait. Andrès, en
homme habile, résolut de quitter l'endroit
immédiatement et de se détourner de
l'occasion que le diable lui offrait ; car il
avait bien lu dans les yeux de la Carducha
que, sans liens conjugaux, elle se fût
soumise à toutes ses volontés, et il ne voulait pas se trouver pied à pied et seul dans
un pareil combat. Il ordonna donc à tous
les gitanos que cette même nuit ils quit-
tassent le village. Eux, qui lui obéissaient
toujours, se mirent à l'œuvre tant qu'ils
purent et, reprenant leurs gages, cette
même après-dînée ils s'en allèrent.

La Carducha sentit qu'en partant Andrès
emportait la moitié de son âme, et qu'il
ne lui restait plus assez de temps pour
obtenir l'accomplissement de ses désirs.
Elle s'arrangea pour faire rester Andrès de
force, puisqu'elle ne le pouvait de gré.
Ainsi, avec l'adresse, la sagacité et le
secret que ses mauvaises intentions lui
conseillèrent, elle plaça parmi les effets
d'Andrès un riche corail et deux patènes
d'argent avec quelques autres de ses orne-

ments de tête. A peine les gitanos eurent-
ils quitté l'auberge, elle se mit à crier,
disant qu'ils lui avaient dérobé ses joyaux.
A sa voix accourut la justice et avec elle
tous les gens du pays.

Les gitanos firent halte, et tous juraient
qu'ils n'avaient rien volé, qu'ils allaient
ouvrir les sacs et les provisions du campement. La vieille gitane s'en chagrina
beaucoup, craignant que dans cette inves-
tigation on ne découvrit les bijoux de
Préciosa et les vêtements d'Andrès qu'elle
gardait avec grand soin ; mais la bonne
Carducha y remédia vite, car, au *second*
paquet qu'on examinait, elle dit de demander les effets appartenant à un gitano,
grand danseur, qu'elle avait vu entrer deux
fois dans son logement : il pourrait se
faire que ce fût lui qui avait enlevé les
bijoux. Andrès, voyant qu'elle parlait de
lui, se mit à rire :

« Senora — dit-il, — voici ma
garde-robe et voici mon âne ; si vous y
trouvez ce qui vous manque, je vous le
paierai avec les intérêts. Et, en outre, je me
soumets au châtiment que la loi inflige
aux voleurs. »

....

Accourant bien vite, les agents de la
justice dévalisèrent l'âne, et, en peu de
fouilles, découvrirent le vol. Andrès en
resta tellement stupéfait et absorbé,
qu'il semblait une statue en pierre et sans
voix.

« N'ai-je pas bien soupçonné ? — dit alors
la Carducha, — voyez comme un si grand
larron se cache sous une bonne mine. »

L'alcade, qui était présent, commença
à dire mille injures à Andrès et à tous les
gitanos, les appelant voleurs publics, et
brigands de grands chemins.

Andrès resta muet, pensif et ahuri, incapable de songer à la traîtrise de la Carducha. Alors s'avança vers lui un soldat bra-
vache, neveu de l'alcade :

« Ne voyez-vous pas, — dit-il — ce qu'attend ce petit gitano pourri de vol ? Je parie
qu'il va faire des simagrées, et qu'il niera
le vol qu'on a découvert dans ses mains.
Je ne comprends pas pourquoi on ne les
expédie pas tous aux galères. Voyez s'il
ne serait pas mieux d'y envoyer ce
bellâtre pour servir Sa Majesté, plutôt que
de le laisser aller dansant de village en village et volant de plaine en montagne. Foi

de soldat, je suis pour lui administrer une gifle qui le renverse à mes pieds. »

Et, disant ceci, sans plus, et levant la main, il lui donna une gifle telle qu'il le fit sortir de sa stupeur, et se rappeler qu'il n'était pas Andrès Caballero, mais don Juan et gentilhomme. Il se jeta sur le soldat avec colère et promptitude, lui tira sa propre épée du fourreau, la lui enfonça dans le corps et le jeta mort sur le sol.

Alors, clameur dans la foule et fureur de l'oncle alcade; Préciosa s'évanouit et Andrès fut troublé de la voir pâlir. Tous coururent aux armes et donnèrent sur le meurtrier. La confusion s'accrut, la clameur s'accrut et, pour secourir Préciosa dans sa défaillance, Andrès négligea de se défendre à temps. Le sort voulut que Clément n'assistât pas au désastre, car, emportant ses bagages, il était déjà parti de l'endroit. Enfin, tant de gens chargèrent Andrès qu'ils le prirent et le garrottèrent avec deux très lourdes chaînes.

L'alcade aurait bien voulu l'étrangler tout de suite, s'il avait été en sa main; mais il devait le remettre à Murcie, car il relevait de la juridiction de cette ville.

Il ne le transporta pas avant le lendemain,
et, durant le jour qu'il passa là, Andrès dut
subir bien des tortures et des outrages que
l'alcade indigné, ses agents, et tous les
villageois lui firent.

L'alcade arrêta tous les gitanos et gitanes qu'il put, mais la plupart s'enfuirent
et parmi eux Clément qui craignait d'être
pris et découvert. Enfin, avec le résumé de
la cause, avec un grand défilé de gitanos,
l'alcade et ses agents entrèrent à Murcie.
Au milieu se trouvaient Préciosa et le pauvre Andrès couvert de chaînes, monté sur
un mulet et avec un carcan et des fers aux
pieds.

Tout Murcie sortit pour voir les prison-
niers, car on savait déjà le meurtre du
soldat. Mais la beauté de Préciosa en ce
jour fut si grande que nul ne la voyait
sans la bénir. La nouvelle de ses charmes
vint aux oreilles de la femme du corrégidor
qui, pour la voir, obtint que son mari
ne ferait pas entrer la petite gitane
dans la prison, avec les autres. Pour
Andrès, on le mit en un étroit cabanon,
dont l'obscurité, et la privation de cette
lumière qu'était Préciosa, le frappèrent

de telle sorte qu'il pensa bien ne plus sortir de là que pour le sépulcre.

On avait transporté Préciosa et son aïeule chez la corrégidore, et dès que celle-ci vit la gitane elle s'écria :

« Avec raison on proclame sa beauté ! »

Et s'approchant, elle l'embrassa tendrement, ne se rassasiant pas de la regarder. Elle demanda à son aïeule quel âge avait la fillette.

« Quinze ans, — répondit la gitane, — deux mois de plus ou de moins...

— C'est l'âge qu'aurait ma pauvre Constance. Hélas ! mes amies, cette fillette m'a rappelé mes infortunes, » s'écria la corrégidore.

Préciosa prit dans les siennes les mains de la corrégidore, et, les baisant à plusieurs reprises, elle les baigna de ses larmes, disant :

« Madame, le gitano qui est en prison n'est pas coupable, car il fut provoqué. Il fut appelé voleur et il ne l'est pas. Il a reçu un soufflet sur son visage, où se découvre la bonté de son âme. Par Dieu et par ce que vous êtes, madame, faites qu'on lui fasse droit et que le seigneur

corrégidor ne se presse pas d'exécuter sur
lui le châtiment dont les lois le menacent.
Si ma beauté vous a donné quelque plaisir, sauvez-la en sauvant le prisonnier,
car la fin de sa vie sera la fin de la mienne. Il doit devenir mon époux, et d'honnêtes et justes obstacles nous ont empê-
chés jusqu'à présent de nous donner les
mains. Si de l'argent est exigé pour obtenir le pardon de la partie adverse, tout
notre campement se vendra aux enchères
publiques, et l'on donnera plus même qu'on
n'exigera. Madame, si vous savez ce que
c'est que l'amour, si vous en avez éprouvé,
si vous en avez encore pour votre époux,
ayez pitié de moi, qui aime tendrement
et honnêtement le mien. »

Tout le temps qu'elle disait cela, Préciosa ne laissait pas les mains de la corrégidore et ne cessait de la regarder fervem-
ment, versant en abondance d'amères et
pitoyables larmes.

La corrégidore la tenait de même, serrée
contre elle, ne la regardant pas avec moins
d'attendrissement et ne versant pas moins
de larmes.

Elles étaient ainsi quand le corrégidor

entra, et, trouvant sa femme et Préciosa
tant affligées et si étroitement serrées l'une
contre l'autre, il resta ébahi autant des
pleurs que de la beauté de la gitane. Il
demanda la cause de cette tristesse, et,
pour réponse, Préciosa abandonna les
mains de la dame et se jeta aux pieds du
corrégidor, disant :

« Senor, miséricorde ! Si mon époux
meurt, je suis morte. Il n'est pas coupable ; mais, s'il l'est, qu'on m'applique à
moi la peine. Et si cela ne peut être, au
moins qu'on retarde la cause, tant qu'on
se soit procuré ou qu'on ait découvert les
moyens de lui assurer la liberté. Peut-être
qu'à celui qui n'a pas péché par méchan-
ceté, le ciel enverra le salut par grâce. »

Avec une nouvelle surprise le corrégidor
écouta les adroits arguments de la gitanille ; et si ce n'avait été sa crainte de
donner des marques de faiblesse, il aurait
pleuré comme elle.

Pendant que ceci se passait, la vieille
gitane examinait avec soin autour d'elle
beaucoup de choses, et au bout de ses
étonnements et réflexions, elle dit :

« Ayez la grâce de m'attendre un mo-

ment, mes seigneurs, je ferai que les
larmes se convertissent en rire, quand il
devrait m'en coûter la vie. »

Et d'un pas léger elle sortit de la chambre, laissant les autres tout troublés de
ce qu'elle avait dit. Mais en attendant
qu'elle revint, Préciosa ne cessa de pleu-
rer ni de supplier pour qu'on remit la
cause de son époux, avec l'intention d'avi-
ser le père d'Andrès afin qu'il accourût au
procès.

La gitane revint avec un petit paquet
sous le bras, et elle dit au corrégidor d'entrer avec elle et avec sa femme dans une
chambre voisine parce qu'elle avait de grandes choses à leur dire en secret. Le corrégidor, croyant qu'elle voulait lui dénon-
cer quelques vols des gitanos pour se le
rendre propice dans le procès du prisonnier, se retira tout de suite avec elle et
sa femme dans son cabinet. La gitane, se
précipitant à genoux devant eux, leur
dit :

« Si les bonnes nouvelles que je veux
vous donner, seigneur, ne méritent pas
en étrennes le pardon d'un grand péché
que j'ai commis, je suis prête à rece-

voir ici le châtiment que vous voudrez m'infliger. Mais avant que je vous confesse la chose, je veux que vous me disiez d'abord, seigneurs, si vous connaissez ces joyaux. »

Et elle montra le coffret où se trouvaient les bijoux de Préciosa. Elle le remit entre les mains du corrégidor, qui, l'ouvrant, y vit des bijoux d'enfant, mais ne comprit pas ce que cela pouvait signifier. La corrégidore les regarda également, mais ne comprit pas davantage le calcul de la gitane ; elle dit seulement ;

« Ce sont les parures de quelque petit enfant.

— C'est vrai, — fit la gitane, — et il est dit de quel enfant dans ce papier. »

Ouvrant en hâte le papier, le corrégidor y lut :

» La petite fille s'appelait Dona Cons-
» tance de Acevedo et de Meneses, sa mère
» Dona Constance de Meneses, et son
» père D. Fernando de Acevedo, chevalier
» de l'ordre de Calatreva. Je l'enlevai le
» jour de l'Ascension de notre Seigneur,
» vers huit heures du matin, l'année mil
» cinq cent quatre-vingt-quinze. La fillette

» portait les petites parures qui sont con-
» servées dans ce coffret. »

A peine la corrégidore eut-elle entendu
la lecture du papier, que, reconnaissant
les bijoux, elle les porta à sa bouche,
leur donna une infinité de baisers et
tomba en défaillance. Le corrégidor courut
à elle avant d'interroger la gitane sur sa
fille, et la dame revint à la vie, s'écriant :

« Excellente femme, ange plutôt que
gitane, où est la propriétaire.., je veux dire
l'enfant à qui sont ces bijoux ?

— Où ? senora, — répondit la gitane, —
vous l'avez dans votre maison, c'est la Jitanilla qui vous a tiré les larmes des yeux. Elle
est sans aucun doute votre fille, je l'ai volée
dans votre maison, à Madrid, au moment
que ce papier indique. »

Entendant cela, la senora toute troublée,
perdant ses pantoufles, courut, vola à la
salle où elle avait laissé Préciosa, qu'elle
trouva, entourée de ses femmes et ser-
vantes, et ne cessant de gémir. Elle arriva
sur la jeune fille, sans rien dire, lui dénuda
la proitrine en grande hâte, et regarda
si elle avait sous le sein gauche un petit
signe, une sorte de tache blanche avec

laquelle elle était née. Elle la trouva, mais plus grande, car elle s'était élargie avec le temps. Puis, elle la déchaussa avec la même célérité, et découvrit un pied de neige et de marbre, fait au tour, où elle vit ce qu'elle cherchait, c'est-à-dire les deux derniers orteils du pied droit attachés l'un à l'autre par le moyen d'un peu de chair qu'on n'avait jamais voulu couper à l'enfant pour ne pas lui faire de mal.

Les bijoux, les orteils, le sein, le jour du vol bien indiqué, la confession de la gitane, et l'émotion, le plaisir qu'avaient éprouvés ses parents en la voyant, tout cela confirma dans l'âme de la corrégidore que Préciosa était son enfant. Alors, saisissant dans ses bras la jeune fille, elle retourna avec elle dans la pièce où se trouvait le corrégidor et la gitane.

Préciosa était bien confuse, car elle ne savait pourquoi on avait fait sur elle toutes ces recherches, ni surtout pourquoi elle était emportée dans les bras de la corrégidore qui lui donnait d'un baiser jusqu'à cent. Dona Guiomar arriva enfin en présence de son mari avec sa précieuse charge, et la faisant passer de ses

17

bras dans ceux du corrégidor, elle dit :

« Recevez, seigneur, votre fille Constance que voici. Je ne puis douter,
seigneur, en aucune manière, car j'ai vu
les deux orteils joints et le signe de la
poitrine ; mais ce qui me le dit encore
davantage, c'est qu'elle m'est entrée à
l'âme dès l'instant que je l'ai vue.

—Je n'en doute pas, — répondit le corrégidor, tenant dans ses bras Préciosa, —
car le même effet s'est produit pour moi
que pour vous ; et comment tant de parti-
cularités pourraient-elles se produire ensemble si ce n'est par miracle ? »

Tous les gens de la maison s'agitaient,
fort préoccupés, se demandant les uns aux
autres ce qui se passait ; et tous devaient
être loin du but, car, qui se serait imaginé
que la petite gitane était la fille du grand
seigneur ?

Le corrégidor dit à sa femme, à sa fille
et à la vieille gitane de garder le secret
jusqu'à ce qu'il décidât de le découvrir. Il
dit aussi à la vieille qu'il lui pardonnait le
tort qu'elle lui avait fait en lui volant la
moitié de son âme, parce que la compensation d'avoir rendu l'enfant méritait de

meilleures étrennes. Il était seulement
attristé que, sachant la qualité de Préciosa, elle l'avait unie à un gitano, et,
pis, à un voleur et un assassin.

« Hélas, monseigneur, — dit Préciosa
— il n'est ni gitano, ni bandit. S'il fut
meurtrier, ce fut d'un homme qui lui
enleva l'honneur; et il ne pouvait faire
moins en cette circonstance que de montrer qui il était et de tuer son insulteur.

— Comment il n'est pas gitano, ma
fille? » dit don Guiomar.

Alors la vieille gitane conta brièvement
l'histoire d'Andrès Caballero; qu'il était
fils de don Francisco de Carcamo, chevalier de l'ordre de Santiago, qu'il se nommait Don Juan de Carcamo, chevalier
du même ordre, et qu'elle gardait ses
vêtements depuis qu'il les avait échangés
pour ceux des gitanos. Elle dit aussi la
convention établie entre Préciosa et don
Juan, le vœu d'attendre deux années
avant de décider s'ils se marieraient ou
non. Elle mit en regard l'honnêteté de
tous les deux, et la belle naissance de
don Juan.

Les parents admirèrent autant ceci que

la découverte de leur fille. Le corrégidor
ordonna à la gitane d'aller chercher les
vêtements d'Andrès. Elle le fit et revint
avec un gitano qui portait les vêtements.
Dans le temps qu'elle mit à aller et venir,
les parents firent à Préciosa cent mille
questions, auxquelles elle répondit avec
tant d'esprit et de grâce, que, même s'ils ne
l'avaient reconnue pour leur fille, ils l'auraient adorée. Ils lui demandèrent si elle
portait quelque affection à don Juan ; elle
répondit qu'elle ne l'aimait que par l'obli-
gation d'être agréable à quelqu'un qui
avait voulu s'humilier jusqu'à se faire
gitano pour elle ; mais qu'elle ne pous-
serait pas la gratitude plus loin que ses
parents ne le désireraient.

« Tais-toi, ma fille Préciosa, — dit le
père, — car je veux te conserver ce nom
de Préciosa en souvenir de ta perte et de
ta rencontre ; — comme père, je prends à
ma charge le soin de t'établir de façon
que tu ne déroges pas. »

Entendant cela, Préciosa soupira, et sa
mère qui comprit adroitement qu'elle
soupirait d'amour pour don Juan, dit à
son mari :

« Seigneur, puisque don Juan est de si noble condition, et qu'il aime tant notre fille, il ne sera pas mal de la lui donner pour épouse.

— A peine l'avons-nous retrouvée et déjà vous voudriez que nous la perdions. Jouissons d'elle quelque temps, car, une fois mariée, elle ne sera plus à nous, mais à son mari.

— Vous avez raison, seigneur, — répondit-elle ; — mais donnez au moins l'ordre de chercher don Juan, qui doit être dans quelque cachot fétide, éprouvant toutes les vexations qui se peuvent trouver dans les fers, l'humidité, les vers immondes, qui tourmentent les pauvres patients, attendant tous les jours d'être jugés et de se voir délivrés de tant d'oppression et d'un si mauvais logement.

— Oui, — dit Préciosa, — car il est pour eux un voleur et un assassin et surtout un gitano, et ils ne lui donneront pas meilleur gîte.

— Je veux aller, — répondit le corrégidor, — comme pour lui faire subir l'interrogatoire, et je vous recommande de nouveau, senora, que rien ne soit dit de cette histoire avant que je le décide. »

Puis il embrassa Préciosa, s'en fut rapidement à la prison, et entra dans le cachot où se trouvait don Juan. Il ne voulut pas que personne entrât avec lui. Il trouva Andrès avec les deux pieds dans un cep et les menottes aux mains : même on ne lui avait pas enlevé les fers. Le cachot était obscur, mais le corrégidor ouvrit en haut un soupirail, par où entra de la lumière, encore que très faible. Puis, dès qu'il vit Andrès, il s'écria :

« Comment va la bonne pièce? Je voudrais avoir ici, enchaînés, tous les gitanos qui se trouvent en Espagne pour en finir avec eux en un jour, comme Néron fit avec Rome, sans donner plus d'un coup. Sachez, larron pointilleux, que je suis le corrégidor de cette ville, et je viens pour savoir, de vous à moi, si c'est vrai qu'une des gitanes venues avec vous est votre épouse. »

Entendant cela, Andrès s'imagina que le corrégidor était tombé amoureux de Préciosa, car les jalousies sont des corps subtiles qui s'introduisent dans les autres corps sans les briser, les séparer, ni les diviser; mais, pourtant il répondit :

« Si elle a dit que je suis son époux,
c'est une grande vérité, si elle a dit que
je ne le suis pas, elle a encore dit vrai,
car il est impossible que Préciosa dise un
mensonge.

— Est-elle si véridique? — demanda le
corrégidor, — ce n'est pas peu quand on
est bohémienne. Alors c'est bien, jeune
homme; elle a dit que vous étiez son
époux, mais que jamais elle ne vous a
donné sa main. Ayant appris que tel est
votre crime qu'il vous faudra mourir pour
l'expier, elle m'a supplié de vous marier
avec elle avant votre mort, car elle veut
se faire honneur de rester veuve d'un si
grand larron que vous.

— Que votre bonté fasse donc, seigneur corrégidor, comme Préciosa a supplié qu'on fît, car si vous me mariez avec
elle, je m'en irai content dans l'autre vie,
partant de celle-ci avec le nom d'être son
époux.

— Vous devez la chérir beaucoup, —
dit le corrégidor.

— Tant, — répondit le prisonnier, —
que ce que je pourrais en dire ne serait

rien. Enfin, seigneur corrégidor, ma cause est jugée : j'ai tué celui qui a voulu m'enlever l'honneur ; j'adore cette gitane et je mourrai content si je meurs en sa grâce. La grâce de Dieu ne nous manquera pas, car tous deux nous avons gardé honnêtement et ponctuellement ce que nous nous étions promis.

— Donc, cette nuit, j'enverrai des gens pour vous prendre, — dit le corrégidor ; — je vous marierai dans ma maison avec Préciosa ; et demain, à midi, vous serez au gibet. Comme cela, j'aurai accompli ce qu'exige la loi, et aussi vos désirs à tous deux. »

Andrès remercia. Le corrégidor retourna à sa demeure et rendit compte à sa femme de ce qui s'était passé avec don Juan et des autres choses qu'il pensait faire. Dans le temps qu'il était resté absent de sa maison, Préciosa avait raconté à sa mère tous les événements de sa vie ; comment elle avait toujours cru être une gitane, petite-fille de la vieille bohémienne, mais que toujours aussi elle s'était respectée beaucoup plus qu'on n'aurait pu l'attendre d'une gitanille.

Sa mère lui demanda de dire en vérité si elle aimait bien don Juan de Carcamo. Elle, avec pudeur, et les yeux baissés vers la terre dit que, s'étant tenue pour une gitane, elle avait cru améliorer son sort en se mariant avec un chevalier d'un ordre aussi élevé que don Juan de Carcamo, dont elle avait reconnu, par expérience, le bon caractère et l'honnête conduite. Elle l'avait donc quelquefois regardé avec des yeux affectueux ; mais, ainsi qu'elle l'avait déjà dit, elle n'aurait d'autres volontés que celles que ses parents lui imposeraient.

La nuit arriva, et il était presque dix heures quand on alla chercher Andrés hors de sa prison sans les menottes et les fers, mais non sans une grande chaîne qui l'enveloppait depuis les pieds jusqu'à la tête. Il arriva de cette manière sans être vu de personne, sinon de ceux qui le menaient à la maison du corrégidor, et on le fit entrer, avec silence et réserve, dans une chambre où on le laissa seul.

Après un moment, un prêtre vint qui lui dit de se confesser, parce qu'il

devait mourir le jour suivant. A quoi
Andrès répondit :

« Je me confesserai de bon cœur ; mais
pourquoi ne me marie-t-on pas d'abord ?
Et si l'on me marie, c'est un bien mauvais lit nuptial qui m'attend. »

Dona Guiomar, qui savait tout, dit à
son mari que les émotions qu'il donnait
à don Juan étaient excessives et qu'il
voulût bien les modérer parce qu'il se
pourrait que le jeune homme y perdît la
vie. Ce conseil sembla bon au corrégidor,
aussi entra-t-il pour appeler le prêtre qui
confessait et lui dit qu'il eût à marier
d'abord le gitano avec Préciosa la gitane,
qu'ensuite il confesserait Andrès, qui devait se recommander de tout cœur à Dieu,
lequel souvent verse sa miséricorde dans un
temps où les espérances sont le plus ari-
des. En effet, Andrès se rendit à une
salle où se tenaient solennellement dona
Guiomar, le corrégidor, Préciosa et deux
autres serviteurs de la maison.

Mais quand Préciosa vit don Juan ceint
d'une si grosse chaîne, avec son visage
pâli et ses yeux où se montrait qu'il avait
pleuré, son cœur s'oppressa. Elle s'ac-

crocha au bras de sa mère, qui se tenait près d'elle et qui l'embrassa étroitement, lui disant :

« Reviens à toi, fillette, car tout ce que tu vois va tourner à ton bonheur et à ton profit. »

Préciosa, qui était ignorante de tout ceci, ne pouvait se consoler; la vieille gitane était anxieuse, les autres assistants impatients de voir la fin de l'aventure. Le corrégidor dit :

« Senor vicaire, ce gitano et cette gitane sont ceux que Votre Grâce doit marier.

— C'est ce que je ne pourrai faire sans les formalités requises pour de tels cas. Où se sont publiés les bans? Où est la licence de mon supérieur m'autorisant à célébrer le mariage?

— L'inadvertance a été commise par moi, — répondit le corrégidor; — mais je ferai que le curé donne la licence.

— Ce sera donc dès que je l'aurai vue, — répliqua le vicaire; — que ces seigneurs me pardonnent. »

Et sans prononcer plus de paroles, afin de ne pas causer de scandale, il sortit

....

de la maison, les laissant tous confus.

« Le père a très bien fait, — dit alors
le corrégidor, — et peut-être est-ce la
providence du ciel qui veut que le supplice d'Andrès soit remis à plus tard; car
pour qu'il puisse épouser Préciosa, les
bans devront d'abord être publiés, et cela
donnera *du temps au temps*, qui souvent
mène à une douce issue des difficultés
plus amères. Quoiqu'il en soit, je voudrais savoir d'Andrès — dans le cas où le
sort amènerait sa délivrance et où il de-
viendrait, sans craintes ni alarmes, l'époux
de Préciosa — s'il se tiendrait pour heureux, lui, Andrès Caballero, ou plutôt don
Juan de Carcamo. »

Quand Andrès s'entendit nommer par
son nom, il s'écria :

« Puisque Préciosa n'a pas voulu se
tenir dans les limites du silence et a
découvert qui je suis, je peux dire que si
la bonne chance que vous m'offrez me
trouvait monarque du monde, elle serait
encore au delà de toutes les bornes de
mes désirs, et que je n'oserais souhaiter
d'autres nouveaux biens que ceux du
ciel !

— Donc, pour la belle âme que vous avez montrée, senor don Juan de Carcamo, je ferai, en son temps, que Préciosa soit votre femme légitime, et dès maintenant je vous la donne et vous la remets en espérance comme le plus riche joyau de ma maison, de ma vie et de mon âme. Estimez-la ainsi que vous le dites, car je vous donne en elle dona Constance de Acevedo et Meneses, ma fille unique, laquelle, si elle vous égale en amour, ne vous cède rien en noblesse. »

Andrès resta stupéfait en voyant l'affection qu'on lui témoignait, et dona Guiomar raconta en brèves paroles la perte de sa fille et son recouvrement, avec les preuves certaines que la vieille gitane avait données de son vol. Qnand elle eut fini, don Juan ne resta pas moins stupéfait et émerveillé, mais, joyeux surtout, il embrassa avec expansion ses beaux-parents, les appelant ses père et mère et ses seigneurs, baisant les mains de Préciosa, qui, avec des larmes, lui demandait les siennes.

Le secret fut rompu, la nouvelle se répandit hors de la maison avec la sortie des domestiques présents à l'affaire. Elle fut connue de l'alcade, oncle du mort, qui vit se fermer le chemin de sa vengeance, car il n'y avait pas lieu de garder les rigueurs de la justice pour le gendre du corrégidor !

S'étant vêtu de ses vêtements de voyage, que la gitane avait apportés, le prisonnier échangea ses chaînes de fer contre la liberté et des chaînes d'or, et les gitanos virent changer leur misère en allégresse, car le jour suivant on les relâcha sous caution. L'oncle du mort reçut la promesse de deux mille ducats pour se désister et pardonner à don Juan. Celui-ci n'oublia pas son camarade Clément et le fit rechercher ; mais il ne put avoir que quatre jours plus tard la nouvelle certaine de son embarquement sur une des deux galères génoises qui se trouvaient dans le port de Carthagène.

Le corrégidor apprit à don Juan que son père, François de Carcamo, était nommé corrégidor dans cette ville et qu'il serait bien d'attendre, pour célébrer les noces, son bon plaisir et son consentement. Don Juan répondit qu'il ne s'éloignerait pas de ce que son beau-père ordonnerait; mais que, avant tout, il devait être fiancé à Préciosa.

L'archevêque accorda la dispense afin qu'on ne fit qu'une seule publication. La ville, qui aimait beaucoup le corrégidor, donna des fêtes, — illuminations, courses de taureaux, courses de cannes, — le jour des fiançailles.

La vieille gitane resta dans la maison, car elle ne voulut pas se séparer de sa petite-fille Préciosa. La nouvelle de l'aventure et du mariage de la gitanille arriva à la Cour. *François de Carcamo* apprit que son fils était le gitano et que la Préciosa était la gitanille qu'il avait vue. La beauté de celle-ci excusa aux yeux du père la légèreté de son fils, qu'il tenait déjà pour perdu, car il savait qu'il n'était pas allé en Flandre. Il l'excusa davantage encore quand il vit combien était avantageux ce mariage avec la fille d'un chevalier aussi noble et aussi riche que don Fernand de Acevedo. Il pressa son départ pour arriver à temps, et en vingt jours il fut à Murcie. Alors se renouvelèrent les plaisirs, les noces furent célébrées, les histoires furent contées, et les poètes de la ville, car elle en possède quelques-uns de forts bons, se chargèrent de célébrer l'extraordinaire aventure, concurremment avec la beauté non moins extraordinaire de Préciosa.

Et le licencié Pozi l'écrivit de telle sorte, que dans ses vers la renommée de la Préciosa durera autant que les siècles.

J'ai oublié de dire comment l'amoureuse aubergiste découvrit à la justice que rien n'était vrai dans le vol d'Andrès, le gitano, et confessa son amour et son crime, qu'on ne punit pas, parce que, dans la joie de la découverte des fiancés, la vengeance fut enterrée et la clémence ressuscitée.

www.ingramcontent.com/pod-product-compliance
Lightning Source LLC
Chambersburg PA
CBHW072116090426
42739CB00012B/2997